"十三五"应用型本科院校系列教材/就业指导类

大学生职业规划与就业创业指导实用教程

- 主　编　曾　涛　富　欢
- 副主编　王凤英
- 参　编　张　乐　蒋卓琳
　　　　　李林泽　安滨江
　　　　　刘莹莹
- 主　审　陈英云

哈尔滨工业大学出版社

内 容 简 介

全书共七章,主要内容包括:走进大学,规划生涯;认识自我与探索职业;养成职业素养,做合格职业人;职业能力的全方位探索;创新创业,时代最强音;职前就业准备;从校园人到职业人的转变。

本书可作为应用型本科院校大学生职业生涯规划与就业指导课程的教材,也可用作相关专业人员和创业求职者自学参考,还可供广大学生阅读和学习。

图书在版编目(CIP)数据

大学生职业规划与就业创业指导实用教程/曾涛,富欢主编. —哈尔滨:哈尔滨工业大学出版社,2021.7
ISBN 978-7-5603-9293-6

Ⅰ.①大… Ⅱ.①曾… ②富… Ⅲ.①大学生–职业选择–高等学校–教材 Ⅳ.①G647.38

中国版本图书馆 CIP 数据核字(2021)第 005679 号

策划编辑　杜　燕
责任编辑　张羲琰
封面设计　高永利
出版发行　哈尔滨工业大学出版社
社　　址　哈尔滨市南岗区复华四道街10号　邮编150006
传　　真　0451-86414749
网　　址　http://hitpress.hit.edu.cn
印　　刷　哈尔滨市颉升高印刷有限公司
开　　本　787mm×960mm　1/16　印张12.25　字数264千字
版　　次　2021年7月第1版　2021年7月第1次印刷
书　　号　ISBN 978-7-5603-9293-6
定　　价　36.00元

(如因印装质量问题影响阅读,我社负责调换)

《"十三五"应用型本科院校系列教材》编委会

主　任	修朋月	竺培国			
副主任	张金学	吕其诚	线恒录	李敬来	王玉文
委　员	丁福庆	于长福	马志民	王庄严	王建华
	王德章	刘金祺	刘宝华	刘通学	刘福荣
	关晓冬	李云波	杨玉顺	吴知丰	张幸刚
	陈江波	林　艳	林文华	周方圆	姜思政
	庹　莉	韩毓洁	蔡柏岩	臧玉英	霍　琳
	杜　燕				

序一

　　哈尔滨工业大学出版社策划的《"十三五"应用型本科院校系列教材》即将付梓,诚可贺也。

　　该系列教材卷帙浩繁,凡百余种,涉及众多学科门类,定位准确,内容新颖,体系完整,实用性强,突出实践能力培养。不仅便于教师教学和学生学习,而且满足就业市场对应用型人才的迫切需求。

　　应用型本科院校的人才培养目标是面对现代社会生产、建设、管理、服务等一线岗位,培养能直接从事实际工作、解决具体问题、维持工作有效运行的高等应用型人才。应用型本科与研究型本科和高职高专院校在人才培养上有着明显的区别,其培养的人才特征是:①就业导向与社会需求高度吻合;②扎实的理论基础和过硬的实践能力紧密结合;③具备良好的人文素质和科学技术素质;④富于面对职业应用的创新精神。因此,应用型本科院校只有着力培养"进入角色快、业务水平高、动手能力强、综合素质好"的人才,才能在激烈的就业市场竞争中站稳脚跟。

　　目前国内应用型本科院校所采用的教材往往只是对理论性较强的本科院校教材的简单删减,针对性、应用性不够突出,因材施教的目的难以达到。因此亟须既有一定的理论深度又注重实践能力培养的系列教材,以满足应用型本科院校教学目标、培养方向和办学特色的需要。

　　哈尔滨工业大学出版社出版的《"十三五"应用型本科院校系列教材》,在选题设计思路上认真贯彻教育部关于培养适应地方、区域经济和社会发展需要的"本科应用型高级专门人才"精神,根据前黑龙江省委书记吉炳轩同志提出的关于加强应用型本科院校建设的意见,在应用型本科试点院校成功经验总结的基础上,特邀请黑龙江省9所知名的应用型本科院校的专家、学者联合编写。

　　本系列教材突出与办学定位、教学目标的一致性和适应性,既严格遵照学科体系的知识构成和教材编写的一般规律,又针对应用型本科人才培养目标及与之相适应的教学特点,精心设计写作体例,科学安排知识内容,围绕应用讲授理论,做到"基础知识够用、实践技能实用、专业理论管用"。同时注意适当融入新理论、新技术、新工艺、新成果,并且制作了与本书配套的PPT多媒体教学课件,形成立体化教材,供教师参考使用。

《"十三五"应用型本科院校系列教材》的编辑出版,是适应"科教兴国"战略对复合型、应用型人才的需求,是推动相对滞后的应用型本科院校教材建设的一种有益尝试,在应用型创新人才培养方面是一件具有开创意义的工作,为应用型人才的培养提供了及时、可靠、坚实的保证。

希望本系列教材在使用过程中,通过编者、作者和读者的共同努力,厚积薄发、推陈出新、细上加细、精益求精,不断丰富、不断完善、不断创新,力争成为同类教材中的精品。

序二

应《大学生职业规划与就业创业指导实用教程》作者之邀为本书写序。翻开教程后视线被立德树人、深情关爱、指导引领和循序渐进的教学内容及务实的创新教学实训体系所吸引。

受各级教育部门委派,本人曾为普通高校及高职高专等不同类型院校做过教学合格评估、教学水平评估及就业工作评估。在评估过程中,"大学生职业发展与就业指导"教学都是必须评估的重要指标之一,大部分高校通常是将其作为某一学期38学时的必修课来开设。

本书以立德树人为主线,将大学生职业生涯发展的规划指导、素养品德的习惯养成、职场能力的强化训练、创新创业的驱动引领、自我营销的技能技巧、科学就业的模式方法等内容循序渐进地贯穿于大学四年的各个学期,真正实现了创业就业教育的全过程、全员与全方位,并将课上指导与课下引领、职业生涯规划与自我认知、职业素质培养与职业能力提升、创新创业实践与就业实践等有机结合,形成了理论与实践相结合的教学实训特色,以博大的爱心和强烈的责任感将教育部对大学生职业规划与就业指导的教学要求落实到位,较好地满足了广大学生对职业规划与就业指导的深切期待。

本书符合大学生的认知规律与成长需求,是一部具有思想性、理论性、实践性和指导性的创新型教材,值得在大学生职业规划与就业指导教学中参考、使用与推广。相信经过哈尔滨远东理工学院应用型本科高校四年的教学实践,通过教学内容的不断充实,教学体系的逐步完善,教学效果定会逐步显现并得到广大学生的认可。

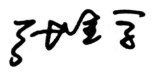

2020 年 9 月 6 日

前　言

本书遵循大学生的成长规律，将大学生的职业生涯规划、素养品行与能力培养、创新思维与创业教育、内修外塑与自荐营销、科学就业及正确择业等内容循序渐进贯穿于大一至大四各个学期的课堂教学与课后实践的全过程。

本书共分七章，通过理论教学和实践教学的结合，指导学生通过课上课下的认知感悟、实训养成、创新探索、创业体验、社会见习、企业实习、跨域考察等多元学习和实践方式，不断提升职业素养和职业能力，进而为科学就业、创新创业夯实基础，做好准备。

本书是曾涛教授主持的黑龙江省高等教育教学改革重点项目《应用型本科院校政校企协同育人"1332"就业与双创教育实践工程的研究与探索》（项目编号：SJGZ20190042）和黑龙江省经济和社会发展重点研究课题《哈尔滨新区民办高校"专业+俄语+实践"复合型人才培养模式研究》（项目编号：WY2019095-C）的重要研究成果之一。

本书编写分工如下：曾涛主持本书的编撰工作，包括统筹策划、资料搜集整理及本书的通篇修改及审定，并重点承担第一章、第二章、第三章、第四章、第六章第一节和第三节的编撰工作；富欢承担第五章的编写工作；王凤英承担第六章第二节及第七章的编写工作。本书由陈英云主审；李连营、张乐、安滨江、李林泽、蒋卓琳、刘莹莹等参与了本书架构设计、资料搜集和整理等工作。

由于编者水平有限，书中难免有不妥之处，敬请广大师生提出宝贵的修改意见。

编　者
2021 年 3 月

目　　录

第一章　走进大学 规划生涯 ··· 1
- 第一节　转变角色 适应大学生活 ··· 2
- 第二节　职业生涯规划 ··· 8
- 第三节　树立正确的职业价值观 ··· 15
- 【实践体验】 ··· 25

第二章　认识自我与探索职业 ··· 33
- 第一节　自我认知初探 ··· 33
- 第二节　职业环境探索 ··· 43
- 第三节　职业发展路径探索 ··· 47
- 【实践体验】 ··· 54

第三章　养成职业素养 做合格职业人 ··· 59
- 第一节　职业素养的内涵及意义 ··· 60
- 第二节　职业素养的全方位提升 ··· 63
- 【实践体验】 ··· 73

第四章　职业能力的全方位探索 ··· 80
- 第一节　善于沟通是驾驭职场的重要前提 ··· 81
- 第二节　职场必备能力的全面提升 ··· 91
- 【实践体验】 ··· 97

第五章　创新创业 时代最强音 ··· 102
- 第一节　认识创新 ··· 103
- 第二节　创业者与创业实践 ··· 106
- 第三节　创新思维与方法 ··· 113
- 【实践体验】 ··· 119

第六章　职前就业准备 ··· 132
- 第一节　简历制作与职业生涯发展 ··· 132
- 第二节　塑造良好的职业形象 ··· 140
- 第三节　面试的方法与技巧 ··· 145
- 【实践体验】 ··· 151

第七章 从校园人到职业人的转变 ·················· 158
　第一节 大学生毕业流程 ································ 158
　第二节 树立正确的择业观 ······························ 164
　第三节 大学生就业权益保障 ···························· 169
　【实践体验】 ·· 173
参考文献 ·· 179
后　记 ·· 181

第一章
Chapter 1

走进大学　规划生涯

【学习目标】

通过对本章内容的学习,大学生可以认知大学生活环境,了解职业对个人生活的重要意义;关注自身的职业发展;明确大学生活与未来职业生涯的关系;寻找并树立个人梦想,建立对未来生活的信心与渴望。

【导言】

什么是大学？你了解它吗？

大学是指普通高等学校,它是一种功能独特的组织,是与社会的经济和政治机构既相互关联又鼎足而立的传承、研究、融合和创新高深学术的高等学府。它是人类文化发展到一定阶段的产物,并在长期办学实践的基础上,经过历史的积淀、自身的努力和外部环境的影响,逐步形成了一种独特的文化。

在我国,根据教育部2020年5月20日公布的《2019年全国教育事业发展统计公报》显示,目前全国共有普通高等学校2 688所(含独立学院257所),比上年增加25所,增长0.94%。其中,本科院校1 265所,比上年增加20所。普通本专科招生914.90万人,比上年增加123.91万人,增长15.67%;在校生3 031.53万人,比上年增加200.49万人,增长7.08%;毕业生758.53万人,比上年增加5.22万人,增长0.69%。据统计,2020年全国共有1 071万考生参加高考,同时也有874万人成为大学毕业生走出校园。不论是踏进校园还是离开校园,大学生们都带着国家、社会、高校和家庭的期待和关注,大学生的发展成长也关系着国家、社会、家庭的持续发展。因此,在大学期间同学们要努力学习、积极生活,以实现自我的理想和价值。

国家和高校极为关注大学生的持续发展,提出了"全程、全员、全方位"的职业生涯与就业指导教育理念,希望通过高校的职业发展与就业指导教育帮助大学生认知自我和环境、规划学业、了解职业发展,做出符合自身发展的选择。在大学生涯中,同学们会在学校和老师的引导下逐步了解自己、认知环境、确立人生发展的目标,规划未来,做出符合自身职业发展的选择,助力自身健康成长、全面成才。在大学,同学们将开启人生中幸福、快乐和有价值的美好时光,希望你们在即将到来的大学生活中努力学习、用心体会、认真生活,不负期待、不负时光、不负青春!

第一节　转变角色　适应大学生活

　　昨天是一张作废的支票,明天是一张期票,而今天则是你唯一拥有的现金,所以应当聪明地把握。

——李昂斯

一、调整心态,转变角色

　　大学是人生的一个全新的阶段,对于大学新生来说,曾经的很多憧憬、期待和疑问都可以在这里得到答案,也有很多未知的事物等待我们去探索。而未知又总是与挑战相伴相生,在这全新的环境和生活中我们面临的各种问题,对于我们的适应能力和性格都是挑战和磨炼。

　　在大学的环境里,我们不再是"考生"而是真正的"学生"。这意味着我们不仅要学习专业知识,更要有意识地提高就业与适应社会的能力。在大学的生活中,我们不仅要锻炼独立生存的能力,也要尝试学习人际交往;不仅要探索未来的工作领域,更要开始积累走进工作领域的经验。面对全新的环境、来自全国各地的同学,我们也许会感到很陌生,也许还会有高考后的一些遗憾与远离父母的不舍——这些表现是认知规律中我们进入陌生环境必然要经历的"迷茫时期"。但只要我们及时调整心态,积极适应角色的转变,就能够走出"迷茫"开始全新的大学生活。

　　大学新生的角色转变,主要表现为从中学环境到大学环境过渡时的心理转变,其过程实质是适应的过程。大学是调整心态和转变身份的最佳阶段。在入学报到后,会有本专业辅导员、学生工作人员、学长学姐们带领我们了解校园环境。随后的军训能够帮助我们养成良好的行为规范,迅速将高考后长假的休息状态转变为适应新环境的积极状态,在认识和行为上切实帮助我们转变角色。

【课堂活动】

说一说大学和中学的不同?

大学	中学
1.	1.
2.	2.
3.	3.
4.	4.

二、认真行动,积极实践

作为新时代的大学生,我们应该问问自己:四年后,我们该以怎样的成绩献给我们饱含热情的青春?回首这段往事,我们该怎样去评价这段时光?

首先在入学之初,我们应该在以下方面做出调整与改变。

(一)学会独立自主

独立包含很多方面,经济独立、生活独立、思考独立以及人格独立。刚刚进入大学新环境,我们都要适应在没有父母陪伴下如何去安排自己的生活。在大学这段日子里,我们要学会独立生活,这可能意味着今后小到日常的衣食住行,大到人生中的重要决定,都要由我们独立完成。此时或许期待,或许迷茫,但不论内心怎样彷徨,独立与自主是都是我们人生必须迈出的一步。我们现在的身份从"考生"回归了"学生"的本位,但这个"学生"却并不仅是要求我们学好专业课,生命和生活是无穷的学问,需要我们用一生来探索和学习,在这个过程中,需要我们拥有独立和自主的精神。

经济独立这个话题在近些年备受年轻人的关注,是大学生基于现实生活的思考,也能够客观地反映出大学生独立自主意识的觉醒。经济独立对于我们一生都十分重要,物质基础的稳固对于独立人格的形成有很强的推动作用。但我们也应该认识到,经济独立需要一个较长的过程来实现。当我们走入职场时,在大学期间所积累的知识、能力、职业素养成为我们在职场中的价值所在,这也是我们独立走向社会后持续经济来源所在。因此,在大学期间,我们可以追求经济独立,但不能简单地将经济独立等同于"兼职赚钱",知识、能力的锻炼和积累能够在更高层次、更持续地为我们带来经济独立的基础。

独立思考一直为人们所推崇。如今是信息时代,信息的爆炸式增长对于我们来说,既带来了便利又带来了困扰。我们可以轻松地获知各种知识和信息,但又会被这些海量的信息裹挟和影响。如果没有学会独立思考,那么社会中良莠不齐的信息就会迷惑我们的思考、左右我们的行为,造成不良的后果。因此,在大学期间,学会辨识信息、分类信息、有选择地接受信息是我们独立思考的第一步。

(二)树立正确的价值观

价值观对人一生的影响是决定性的。大学生是党和国家寄予厚望并着力培养的重要群体,价值观是其立身处世、成就事业、完满人生的擎天柱。今天,新时代大学生处在中华民族发展的最好时期,既面临着难得的建功立业的人生际遇,也面临着"天将降大任于斯人"的时代使命,可谓青春正当时。努力学习、实现人生价值是我们的追求,投身中华民族伟大复兴建设也是我们的人生追求。高尚的价值观可以引领我们志存高远,突破局限,迎来更广阔的天地。

(三)培养健康的兴趣爱好和良好的习惯

健康的兴趣爱好和良好的行为习惯会帮助我们成为优秀的人,也会让我们一生受用无穷。在大学期间,有很多新奇的事物等待我们去发现和探索,虽然我们的专业和发展方向不同,追求、志向也可能各异,但有一些"通用"的兴趣爱好能够适应所有人的健康发展。在这里,仅以阅读、体育锻炼和勤于实践为例。

1. 阅读

在信息时代,阅读是我们获取信息的最主要手段。需要特别强调的是,这里所指的阅读是结构清晰、体系明确、信息来源可靠、逻辑层次分明等特点的传统型阅读,而网络兴起带来的"碎片化""简单化"阅读并不适用。阅读能够让我们增长眼界,提升知识水平,增强逻辑思考能力,养成连续思考、辩证思考的习惯。坚持高质量阅读会让人受用无穷。

2. 体育锻炼

体育锻炼可以帮助我们舒缓压力,减少焦虑、失落等情绪,身边的榜样能激发我们对体育的兴趣。大学阶段的体育训练与中学阶段相比,对身体素质的塑造有所提升。坚持体育锻炼能够提高学习效率,还能够亲身体验到团队训练的乐趣。大学体育有塑造功能、规范功能、激励功能、调适功能。

3. 勤于实践

我们在大学阶段会经历很多的实践,除了三、四年级时的专业见习、专业实习、职前体验等,还有基于锻炼自身、探索社会为目的的社会实践。不论是何种形式的实践,都是我们用以检验自身所学知识、能力的训练场,在真实环境中体验、探索社会环境、专业环境、工作环境,能帮助我们迅速找准目标,规划方向,以现实情况为依据展开思考和实践。

(四)学习职业规划

职业生涯规划是运用科学的方法实现个人发展的重要手段。学习职业规划,能够帮助我们建立良好的规划意识,对未来的职业和个人发展都有积极的作用。好的规划能够迅速辅助我们建立明确清晰的目标,准确地评估个人特点和强项,以既有成就为基础,确立人生的方向。好的规划能够评估个人目标和现状的差距,激发自己前进的动力。好的规划能够帮助我们重新认识自我价值,实现自我价值的不断提升和超越,增强职业竞争能力。好的规划能够将个人、事业与家庭生活、社会发展联系起来,用自身的发展助力社会的前进,实现人生的终极价值。

(五)保持好奇心与创新精神

"大众创业、万众创新"作为国家新常态下经济发展的新引擎,激发了人们的创造活力,鼓励草根创业,培育创客和极客,并鞭策大学生大胆探索、高效建设科技园和创客空间等。

大学生创业重要的是自觉加强对不畏失败、勇于奉献、敢为人先、明确目标、永不言弃、诚实守信、遵纪守法等创业意识的培养,同时在大学期间,要积极主动地深入到今后想创业的行业企业去见习、实习和顶岗实践,积累相关的管理和营销经验,积极参加创业培训或创业大赛,积累创业知识和创业经验,跟随创业成功者学习,为日后成功创业奠定坚实的基础。

大学阶段也许不是我们最灿烂的人生篇章,但却是我们一生中最难得和最具价值的人生加油站,也是我们一生中最难忘怀和最绚丽的青春时光。这里将会留下我们勤奋求学的自强气息,这里也会刻下我们春夏秋冬快乐成才的身影。

珍惜此时,把握今天。四年后,当我们踏出校门之时,能将这份写满奋斗与拼搏的书稿,献给我们饱含热情的无悔青春!

【小测试】

社会适应能力量表

社会适应能力指的是一个人在心理上适应社会生活和社会环境的能力。社会适应能力的高低,从某种意义上说,表明一个人的成熟程度。

下面的问题能帮助你进行社会适应能力的自我判别(请把答案填在括号内)。

A. 是　　　　　　B. 无法肯定　　　　　　C. 不是

◎ 题目

1. 我最怕转学或转班级,每到一个新环境我总要经过很长一段时间才能适应。（　　）
2. 每到一个新的地方,我很容易同别人接近。（　　）
3. 在陌生人面前,我常无话可说以至感到尴尬。（　　）
4. 我最喜欢学习新知识或新学科,它给我一种新鲜感,能调动我的积极性。（　　）
5. 每到一个新地方,我第一天总是睡不好,或者只要换一张床也会失眠。（　　）
6. 不管生活条件有多大变化我都能很快习惯。（　　）
7. 越是在人多的地方,我越感到紧张。（　　）
8. 在正式比赛或考试时,我的成绩多半不会比平时练习差。（　　）
9. 我最怕在班上发言,因为全班同学都看着我,心都快跳出来了。（　　）
10. 即使有的同学对我有看法,我仍能同他(她)正常交往。（　　）
11. 有老师在场的时候,我做事情总有些不自在。（　　）
12. 和同学、家人相处时,我很少固执己见,乐于采纳别人的看法。（　　）
13. 同别人争论时我常常感到语塞,而想起该怎样反驳对方时已经太迟了。（　　）
14. 我对生活条件要求不高,即使生活条件很艰苦我也能过得很愉快。（　　）
15. 有时自己明明把课文背得滚瓜烂熟,可在课堂上背的时候还是会出差错。（　　）

16. 在决定胜负成败的关键时刻,我虽然很紧张但总能很快使自己镇定下来。（　）
17. 我不喜欢的东西,不管怎么学也学不会。（　）
18. 在嘈杂混乱的环境里,我仍然能集中精力学习并且效率较高。（　）
19. 我不喜欢陌生人来家里做客,每逢这种情况,我就有意回避。（　）
20. 我很喜欢参加社交活动,我感到这是交朋友的好机会。（　）

◎ **评分方法**

凡是单数号题(1,3,5,7……),A:-2分,B:0分,C:2分。
凡是双数号题(2,4,6,8……),A:2分,B:0分,C:-2分。
将各题的得分相加,即得总分。

35～40分:社会适应能力很强,能很快地适应新的学习、生活环境,与人交往轻松、大方,给人的印象极好,无论进入什么样的环境,都能应付自如、左右逢源。

29～34分:社会适应能力良好。

17～28分:社会适应能力一般,当进入一个新环境,经过一段时间的努力,基本上能适应。

6～16分:社会适应能力较差,依赖于较好的学习、生活环境,一旦遇到困难则易怨天尤人,甚至消沉。

5分以下:社会适应能力很差,在各种新环境中,即使经过一段相当长时间的努力,也不一定能够适应,常常感到与周围事物格格不入而十分苦恼。在与他人的交往中,总是显得拘谨、羞怯、手足无措。

同学们如果在这个测试中得分较高,说明社会适应能力较强。如果得分较低,也不必忧心忡忡,因为一个人的社会适应能力是随着年龄的增长、知识经验的丰富而不断提高。我们要充满信心,刻苦学习,虚心求教,加强锻炼,一定会适应社会的。

【拓展阅读】

大学生活怎么过才有意义?

时光匆匆,又是一年的开学季。全国各地的大学已经陆陆续续地开学了。初入大学,相信很多同学都会感到新鲜且充满期待,由于大学的管理体制相对比较宽松,所以大学的生活也是相对自由的。那么,大学生活怎样过才有意义?在此为同学们总结了一些经验,让大家在大学生活中少走一些弯路。

第一点:大学≠随便玩、不学习

众所周知,大学的生活没有老师的监督,更没有家长的唠叨,但并不是没有任何压力。如果你想考研,就要未雨绸缪,提前做好准备,方能预防困难来临之时手足无措的尴尬。

杜绝"考试及格就行了"这种想法,大学不挂科只能说明你可以顺利拿到学历。如果你有梦想,就不要过于松懈。

第二点:摒弃无用的社交

大学是社会的缩影。很多同学刚到大学时,非常乐意交朋友,也会选择参加学生会等组织,以此来拓宽自己的人脉。其实,你不用刻意地去搭建所谓的人脉。与其浪费时间、浪费金钱,不如结交三两志同道合的好友,好好学习,提升自己的能力,让自己变得更加优秀。要记住,你有能力了别人自然会尊重你,你的人脉也会越来越广。

第三点:兴趣是最好的老师

大学以前的学习生活是紧张充实且忙碌的,除了学习就是学习,同学们几乎没有时间去做其他的事情。但大学不一样,由于时间比较充足,加之大学也会有一些音乐、美术、舞蹈的社团等,同学们可以充分利用业余时间去学习自己感兴趣的东西。

大学所学的专业并不一定是以后从事的专业,有时候特长学好了,要比专业还有潜力。毕竟,兴趣才是最好的老师。

第四点:适当参加一些兼职、社会活动

有很多同学在大学的时候都会去做一些兼职,不仅能赚取生活费,还能锻炼自己。在这里要告诉同学们,兼职的工作尽量目标明确,去参加一些对自己以后有帮助的,才能最大程度发挥兼职的作用,对以后找工作也会有一定的帮助。另外参加一些对自己有用的社会活动,可以拓宽自己的视野,提升自己的文化修养与内涵。

第五点:恋爱可以谈,但请慎重

遇到一个对的人真的不容易,大学的感情是非常美好的,不掺杂社会上的杂质,有一些大学恋爱的情侣毕业以后步入了婚姻的殿堂。但并不是所有人都是这样,有的同学可能会因为各种各样的问题失恋了,这是很正常的,要懂得去调整心态。一个人真正成长起来,肯定会经历一些挫折,感情上的挫折也是其中的一种。树立正确的恋爱观,重新审视那段感情,进行自我调节,慢慢会回到正常的轨道上。

第六点:提前规划未来

临近毕业的时候,很多同学都会感到迷茫:我应该去哪里,回老家还是出去闯荡?是专升本还是就业,或者考研、考公务员?我能做什么?应该找个什么样的工作?这类的问题在找工作时也会被问到,如你的职业规划或者人生规划是什么?因此,同学们可以提前思考一下自己的未来。虽说计划赶不上变化,但提前一点准备,并无坏处。

大学是人生中最美好、最重要的阶段之一,希望同学们都可以有所收获,不要让自己的大学生活留下遗憾。毕竟人世间最大的痛苦莫过于追悔莫及。

(节选自百度网)

思考与练习

◎通过本节课的学习,你掌握了哪些新知识?

◎你在大学里想实现什么目标?有什么样的规划?请详细谈一谈。

◎请尝试为四年后的自己写一封信,说一说你"最初的梦想"。

第二节　职业生涯规划

一、关于职业生涯

职业生涯是一个人一生所有与职业相连的行为和活动，以及相关的态度、价值观、愿望等连续性经历的过程，也是一个人一生中职业、职位的变迁及职业目标的实现过程。简单地说，一个人职业发展的状态、过程及结果构成了个人的职业生涯。这个概念的含义曾随着时间的推移发生过很多变化。在20世纪70年代，职业生涯专指个人生活中和工作相关的各个方面。随后，又有很多新的意义被纳入职业生涯的概念中，甚至包含了生活中关于个人、集体以及经济生活的方方面面。从经济学的观点来看，职业生涯就是个人在人生中所经历的一系列职位和角色，它们和个人的职业发展过程相联系，是个人接受培训教育以及职业发展所形成的结果。

职业生涯是以心理开发、生理开发、智力开发、技能开发、伦理开发等人的潜能开发为基础，以工作内容为确定和变化，以工作业绩的评价以及工资待遇、职称、职务的变动为标准，以满足需求为目标的工作经历和内心体验。职业生涯是人一生中最重要的历程，对人生价值起着决定性作用。职业生涯管理，就是具体设计个人合理的职业生涯计划。

根据中国职业规划师协会定义，职业生涯成长分为内职业生涯和外职业生涯两个方面。内职业生涯是指个人从事一种职业时的知识、观念、经验、能力、心理素质、内心感受等因素的组合及其变化过程。它是别人无法替代和窃取的人生财富。外职业生涯是指个人从事职业时的工作单位、工作时间、工作地点、工作内容、工作职务与职称、工作环境、工资待遇等因素的组合及其变化过程。它是依赖于内职业生涯的发展而增长的。

二、大学生职业生涯规划现状

通过对大学生求职准备情况的调查研究，以及对刚工作不久的毕业生进行回访调查，发现他们在求职准备方面呈现出几个明显倾向：

第一，在职业能力的自我评估上，许多大学生存在高估或低估的倾向，呈现出明显偏差。

第二，在职业信息的了解上，大学生们过于关注职业是否符合自身需要，忽略了职业要求与自身素质的匹配程度。

第三，在职业准备的投入上，大多数学生比较被动。

三、职业生涯规划的目的和要求

职业生涯规划的主要目的是找到适合自己的工作，找工作最重要的就是人岗匹配。每个工作都有长处和短处，每个人都有优势和劣势。分析、定位是职业生涯规划的首要环节，它决定着个人职业生涯的方向，也决定着职业生涯规划的成败。求职之前先要进行职业生涯规划,进行职业生涯规划之前先要进行准确的自我定位,弄清自己想要干什么、能干什么,自己的兴趣、才能、学识适合干什么。可以通过可靠的量表工具的测量,评估职业倾向、能力倾向和职业价值观,这是职业生涯规划的基础。职业规划就是根据测评结果的各项指标,以及求职者自身的学历、经历、能力,了解一个人的内在、外在优势,并且把这些优势整合在一起,作为职场上打拼的核心竞争力。

那么,在进行职业规划时,必须考虑到行业的特性与个人的优缺点,这样才能制订合理、有指导意义的职业规划。

(一)职业发展目标要契合自己的性格、特长与兴趣

职业生涯能够成功发展的核心,就在于所从事的工作正是自己所擅长的。从事自己擅长的工作,我们会工作得游刃有余;从事自己喜欢的工作,我们会工作得很愉快。而这正是成功的职业规划核心所在。

(二)职业规划要考虑到实际情况,并具有可执行性

有些人很有雄心壮志,短时间内工作虽具有一定飞跃性,但更多时候是一种积累的过程——资历的积累、经验的积累、知识的积累。所以职业规划不能太过于好高骛远,而要根据自己的实际情况,一步一个脚印,层层晋升,最终方能成就梦想。

(三)职业规划发展目标必须有可持续发展性

职业发展规划不是一个阶段性的目标,而是一种可以贯穿自己整个职业生涯的远景展望,所以职业发展规划必须具有可持续发展性。如果职业发展目标太过短浅,不仅会抑制个人奋斗的热情,而且不利于长远发展。

【课堂练习】

我的生涯愿景

通过进入大学时的最初印象,畅想我的人生蓝图。

所预见的未来:

具体明确的目标:

四、职业生涯规划的具体做法

许多职业咨询机构和心理学专家进行职业咨询和职业规划时常常采用的一种方法就是有关5个"W"的思考的模式,分别是:

1. Who are you? "你是谁?"

应该对自己进行深刻的反思,有比较清醒的认识,优点和缺点都应该一一列出来。

2. What do you want? "你想干什么?"

这是对自己职业发展的一个心理趋向的检查。每个人在不同阶段的兴趣和目标并不完全一致,有时甚至是对立的。但随着年龄和经历的增长会逐渐固定,并最终确定自己的终身理想。

3. What can you do? "你能干什么?"

这是对自己能力与潜力的全面总结,一个人的职业定位最根本的还要归结于他的能力,其职业发展空间的大小则取决于他的潜力。对于一个人潜力的了解应该从几个方面着手去认识,如对事的兴趣、做事的韧力、临事的判断力以及知识结构是否全面、是否及时更新等。

4. What can support you? "环境支持或允许你干什么?"

这种环境支持在客观方面包括本地的各种状态,比如经济发展、人事政策、企业制度、职业空间等,人为主观方面包括同事关系、领导态度、亲戚关系等,这两方面的因素应该综合起来看。有时我们在职业选择时常常忽视主观方面的东西,没有将一切有利于自己发展的因素调动起来,从而影响了自己的职业切入点。需要指出的是,这里的环境支持是建立在自己的能力之上的。

5. What can you be in the end? "最终你将成为什么?"

明晰了前面四个问题,就会从各个问题中找到对实现有关职业目标有利和不利的条件,列出不利条件最少的、自己想做而且又能够做的职业目标,那么第五个问题自然就有了一个清楚明了的框架。最后,将自我职业生涯计划列出来,建立形成个人发展计划书档案,通过系统的学习、培训,实现就业理想目标:选择一个什么样的单位,预测个人在单位内的职务提升步骤,如何从低到高逐级而上;预测工作范围的变化情况,不同工作对个人的要求及应对措施;预测可能出现的竞争,如何应对,分析自我提高的可靠途径;如果发展过程中出现偏差,工作不适应或被解聘,如何改变职业方向。

此外,还要根据个人需要和现实变化,不断调整职业发展目标与计划。计划赶不上变化。对于自己碰到的问题和环境,需要及时调整。一成不变的发展计划等于形同虚设。根据职业方向选择一个对自己有利的职业和得以实现自我价值的单位,是每个大学生的良好愿望,也是实现自我的基础,但这一步的迈出要相当慎重。就人生第一个职业而言,它往往不仅是一份单纯的工作,更重要的是它会使我们初步了解职业、认识社会,一定意义上它是我们的职业启蒙老师。

制订好一系列的职业发展规划后,如何将其最终落实是我们必须考虑并面对的一个问题。一个好的计划若没有实施上的细则,就无法保证计划顺利进行。应对职场纷繁信息和变动选择的成功法则,就是建立有效的信息整理、分析和筛选系统,再结合自身竞争力合理规划职业生涯,这样才能在职业发展过程中凭借良好的职场敏感度达到成功的彼岸。

【课堂练习】

大学期间目标分解

大一目标:_____

目标细化:

1. _____ 完成时间:_____
2. _____ 完成时间:_____
3. _____ 完成时间:_____

大二目标:_____

目标细化:

1. _____ 完成时间:_____
2. _____ 完成时间:_____
3. _____ 完成时间:_____

大三目标:_____

目标细化:

1. _____ 完成时间:_____
2. _____ 完成时间:_____
3. _____ 完成时间:_____

大四目标:_____

目标细化:

1. _____ 完成时间:_____
2. _____ 完成时间:_____
3. _____ 完成时间:_____

五、职业生涯规划的基本原则

(一)清晰性原则

考虑目标措施是否清晰明确;实现目标的步骤是否直截了当。

(二)变动性原则

目标或措施是否有弹性或缓冲性;是否能依据环境的变化而调整。

（三）一致性原则

主要目标与分目标是否一致；目标与措施是否一致；个人目标与组织发展目标是否一致。

（四）挑战性原则

目标与措施是否具有挑战性，还是仅保持其原来状况而已。

（五）激励性原则

目标是否符合自己的性格、兴趣和特长；是否能对自己产生内在激励作用。

（六）合作性原则

个人的目标与他人的目标是否具有合作性与协调性。

（七）全程原则

拟定职业生涯规划时，必须考虑到职业生涯发展的整个历程，做全程的考虑。

（八）具体原则

职业生涯规划各阶段的划分与安排必须具体可行。

（九）实际原则

实现职业生涯目标的途径很多，在做规划时必须要考虑到自己的特质、社会环境、组织环境以及其他相关的因素，选择确定可行的途径。

（十）可评量原则

职业生涯规划的设计应有明确的时间限制或标准，可评量、检查，使自己随时掌握执行状况，并为规划提供参考的依据。

六、职业生涯机会的评估及基本策略

职业生涯机会的评估，主要是评估周围各种环境因素对个人职业生涯发展的影响。在制订个人的职业生涯规划时，要充分了解所处环境的特点，掌握职业环境的发展变化情况，明确自己在这个环境中的地位以及环境对自己提出的要求和创造的条件，等等。只有对环境因素充分了解和把握，才能做到在复杂的环境中趋利避害，使职业生涯规划具有实际意义。环境因素评估包括组织环境、政治环境、社会环境、经济环境。

职业生涯规划的基本策略是确定支点。个人进行职业生涯规划时，先要确立一个支点，这个支点就是：我为什么工作。

（一）职业生涯规划有三个层次的支点：生存支点、发展支点和兴趣支点

如果立足生存支点来规划职业生涯，会把薪酬作为主要导向。总是在想明天能不能找到薪酬更高的工作，一有获取高薪的机会就会跳槽，而常常忽略自身成长。在如今知识更新越来越快的时代，获得高薪的同时，更要想想如何保持高薪。所以，如果一直以生存支点来做职业规划，是一种只重现在不看将来的短视行为，长期来看，很难获得事业上的成就感。

如果立足发展支点来规划职业生涯，会以自身的进步作为导向。即使所从事的职业并不特别喜欢，薪酬也并不特别高，也会努力做好。对我们来说，从中获取的经验和技能最为重要。这些收获让我们增值，帮助我们实现未来事业上的成功。但是，这种职业修炼过程需要不断挑战自己的极限，鞭策自己前进，可能会承受工作压力的考验。

如果立足兴趣支点来规划职业生涯，会以快乐作为导向。我们并不一定在乎薪酬多少，也未必在乎将来能获得什么地位与荣誉，能找到喜欢的职业、享受工作的过程，就会对工作投入极大热情，忘却疲倦。工作成为享受，不知不觉中就出了成绩。喜欢是做好一件事的前提，兴趣是成功的最大驱动力。

（二）结合内外部因素确定支点

职业规划既要考虑外部因素，如就业环境、家庭状况、自身发展情况等，又要考虑内部因素，如能力、专业知识、爱好、性格等。

根据外部因素来确定一个合适的支点。如果知识、经验及能力储备丰厚，可以以发展支点或兴趣支点来规划自己的职业生涯，选择有潜力的职业或感兴趣的职业。如果初出茅庐，经济条件不允许，不妨以生存支点来规划自己的职业生涯，从一些简单的职业做起，不要好高骛远，在职场修炼到一定程度后，再重新规划职业生涯。

根据内部因素来确定一个合适的职业。职业选错会影响成功概率，美国专家曾做过统计，内向型的人从事销售职业，成功的概率低，且比外向型的人付出更多的代价。我们可以通过专业的人才测评，实现对自身特质的系统了解。

在做职业规划时，我们还要根据自己的职场修炼程度适时改变职业规划支点。当解决了温饱问题后，就要将原来的生存支点转移到发展支点上来，重新调整自己的职业规划。或者以兴趣支点来重新规划，找一份自己梦寐以求的工作，也许薪酬并不一定比原来高，但只要足以维持体面的生活即可。这时，工作就成为生活中的一种享受。

除了上述单一支点以外，在做职业规划时也可以采用多支点策略，如将生存支点与发展支点结合考虑，或者将发展支点与兴趣支点结合考虑等。支点复合越多，职业规划的难度也就越大。一般来说，职业规划应该先从单一支点起步，随着知识、技能、经验等的积累，再逐步采用复合支点。职业规划应该一直伴随着职业生涯的发展。即使是在我们认为值得终身从事的职业上，也存在着是继续努力、还是满足现状的选择——是将职业生涯放在生存的支点上，还是放在继续发展的支点上。

【课堂练习】

实现梦想的助力与阻力分析

目标实现的积极因素（条件）： 1. 2. 3.	目标实现的消极因素（困难）： 1. 2. 3.
实现目标所要克服的最大困难及主要措施：	
在个人职业发展方面你还需要哪些方面的援助：	

七、职业生涯规划的基本步骤

（一）自我认知与环境认知

自我认知指的是对自己的洞察和理解，包括自我观察和自我评价。环境认知包括对自身客观环境、生存环境、专业环境、职业环境等方面的感知和探索。对自我和环境的认知是职业生涯规划的首要步骤，是规划进行的基础和依据。

（二）确定职业发展目标

"志不立，天下无可成之事。"立志是人生的起跑点，反映着一个人的理想、胸怀、情趣和价值观。在准确地对自己和环境做出评估之后，我们可以确定适合自己、有实现可能的职业发展目标。在确定职业发展的目标时要注意自己的性格、兴趣、特长与选定职业的匹配，更重要的是考察自己所处的内外环境与职业目标是否相适应，不能妄自菲薄，也不能好高骛远。合理、可行的职业生涯目标的确立决定了职业发展中的行为和结果，也是制订职业生涯规划的关键。

（三）选择职业生涯发展路线

在职业目标确定后，向哪一路线发展，比如是走技术路线，还是管理路线，是走"技术＋管理"即技术管理路线，还是先走技术路线、再走管理路线等，此时要做出选择。发展路线不同,对职业发展的要求也不同。因此,在职业生涯规划中,必须对发展路线做出抉择,以便及时调整自己的学习、工作、各种行动沿着预定的方向前进。

（四）制订职业生涯行动计划与措施

在确定了职业生涯的目标并选定职业发展的路线后,行动便成了关键的环节。这里的行动,是指落实目标的具体措施,主要包括工作、培训、教育、轮岗等方面的措施。对应自己的行动计划可将职业目标进行分解,即分解为短期目标、中期目标和长期目标,其中短期目标可分为日目标、周目标、月目标、年目标,中期目标一般为三至五年,长期目标为五至十年。分解后的目标有利于跟踪检查,同时可以根据环境变化制订并调整短期行动计划,并针对具体计划目标采取有效措施。这些措施主要指为达成既定目标,在提高工作效率、学习知识、掌握技能、开发潜能等方面选用的方法。行动计划要有相应的措施,要层层分解、具体落实,便于定期检查和及时调整。

（五）评估与回馈

影响职业生涯规划的因素很多,有的变化因素是可以预测的,而有的变化因素难以预测。要使职业生涯规划行之有效,就必须对职业生涯规划执行情况进行评估。首先,要对年度目标的执行情况进行总结,确定哪些目标已按计划完成,哪些目标未完成。然后,对未完成目标进行分析,找出未完成的原因及发展障碍,制定解决问题的对策及方法。最后,依据评估结果对下一年的计划进行修订与完善。如果有必要,也可考虑对职业目标和路线进行修正,但一定要谨慎考虑。

> **思考与练习**
>
> ◎通过本节课的学习,你掌握了哪些新的知识或技能?
> ◎请从自身专业出发,查阅职业相关资料说一说你的专业就业前景。
> ◎请尝试写一份大学初期学业规划。

第三节　树立正确的职业价值观

人生意义的大小,不在乎外界的变迁,而在乎内心的经验。

——佚名

处于人生中最美好年华的我们,正像朱自清在《春》中提到的"'一年之计在于春',刚起头儿,有的是工夫,有的是希望"。处于人生之春的我们,肩负着社会和家庭的期盼,期盼我们健康成长。首先需要明确的就是认知自我,明确我们真正的追求。而引导这些追求的就是价值观。

一、价值观与职业价值观

(一)价值观

价值观是基于人的一定思维感官之上而做出的认知、理解、判断或抉择,也就是人认定事物、辨别是非的一种思维或取向,从而体现出人、事、物一定的价值或作用。

价值观分为个人价值观和集体价值观。其中,个人价值观是指一个人对周围的客观事物(包括人、事、物)的意义、重要性的总评价、总看法和根本观点。一方面表现为价值取向、价值追求,凝结为一定的价值目标;另一方面表现为价值尺度和准则,成为人们判断价值事物有无价值及价值大小的评价标准。

许多人在做一件事之前,经常会盘算或思考:做这件事对我有没有利?有没有用?值不值得?所以同一件事对不同的人来说会得出不同的结果,这都源自每个人对"利"、"用"或"值"的不同判断。换句话说,不同的结果源自不同的个人价值观。同样,不同的人对同一个社会现象的"好坏、美丑、善恶"也有不同的判定,所判定的标准大都也是依据个人的价值观。可以说,个人价值观就是一个人言行举止的核心驱使及内心灵魂的外在追求。

(二)职业价值观

职业价值观则是指人生目标和人生态度在职业选择方面的具体表现,也就是一个人对职业的认识和态度,以及他对职业目标的追求和向往。它是人们在评价和选择职业时最看重的原则、标准和品质,直接驱动着人们的就业选择。我们在职业生涯规划中所提到的价值观,一般是指较为具体的职业价值观。

世界职业规划与生涯教育领域的权威人物舒伯认为,职业价值观就是一种工作目的表达,是个人对其工作赞同与尊重的渴望。罗斯从终极状态和信念的角度认为职业价值观是人们从某种职业所能取得的终极状态(如收入高)或行为方式(如与同事一起工作)的信念。不同的人对职业特性有不同的评价和取向,这就是所谓的职业价值观。

理想、信念、世界观对于职业的影响,集中体现在职业价值观上。在做职业生涯规划之前,一定要清楚和明确自己的价值观和职业价值观。价值观和职业价值观决定了哪些因素对我们是重要的,哪些是不重要的;哪些是我们优先考虑和选择的,哪些不是。

美国职业管理学家萨柏将人们的职业价值观概括为 15 种类型:①助人。②美学。③创造。④智力刺激。⑤独立。⑥成就感。⑦声望。⑧治理。⑨经济报酬。⑩安全。⑪环境优美。⑫与上级关系。⑬社交。⑭多样化。⑮生活方式。

【课堂活动】

小组讨论:当代大学生应树立怎样的职业价值观。

_____
_____
_____

二、价值观的延伸

价值观是中性的词汇,不同的价值观会引导不同的行为,进而产生不同的结果。这就是我们要明确树立和倡导正确价值观的目的——鼓励和培养正确的价值观,能够指导和规范我们的行为,进而产生积极的影响。

(一)价值观的重要性

价值观是影响人健康成长的主要因素。心理学、行为学及社会学等专家认为:影响一个人健康成长的主要因素来自价值观、使命和先天特质等,占比高达50%,它对一个人的成长与成才起到驱动作用;30%的因素来自形象、思考习惯和生活方式等,它对一个人的成长与成才起到惯性作用;20%的因素来自学历、专业、经历与资源等,它对一个人成长与成才起到了促进和提高等作用。

每个人都有判断事物正确与否的内心标准,也都有源自内心的渴望与追求。价值观与使命等因素正是一个人判定是非曲直或驱使他坚定前行的核心动力。

【小资料】

价值观种类

美国社会心理学家洛克奇于1973年《人类价值观的本质》中,提出13种价值观:

1. 成就感:提升社会地位,得到社会认同;希望工作能受到他人的认可,对工作的完成和挑战成功感到满足。

2. 美感的追求:能有机会多方面地欣赏周围的人、事、物,或任何自己觉得重要且有意义的事物。

3. 挑战:能有机会运用聪明才智来解决困难;舍弃传统的方法,而选择创新的方法处理事物。

4. 健康(包括身体和心理):工作能够免于焦虑、紧张和恐惧;希望能够心平气和地处理事物。

5. 收入与财富:工作能够明显、有效地改变自己的财务状况;希望能够得到金钱所能买到的东西。

6. 独立性：在工作中能有弹性，可以充分掌握自己的时间和行动，自由度高。

7. 爱、家庭、人际关系：关心他人，与别人分享，协助别人解决问题；体贴、关爱，对周围的人慷慨。

8. 道德感：与组织的目标、价值观和工作使命能够不相冲突，紧密结合。

9. 欢乐：享受生命，结交朋友，与别人共处，一同享受美好时光。

10. 权力：能够影响或控制他人，使他人照着自己的意思去行动。

11. 安全感：能够满足基本的需求，有安全感，远离突如其来的变动

12. 自我成长：寻求更圆满的人生，在智慧、知识与人生的体会上有所提升。

13. 协助他人：认识到自己的付出对团体是有帮助的，别人因为你的行动而收获许多。

（选自网易网）

（二）个人价值观的社会延伸

1. 学校的校训就是这所学校的价值观

大学校园有很多方面都能体现学校的价值观，校训就是其中之一。校训是广大师生共同遵守的基本行为准则与道德规范，它既是一所学校办学理念、治校精神的反映，也是校园文化建设的重要内容，是一所学校教风、学风、校风的集中表现，体现学校文化精神的核心内容。例如我们熟知的一些高校校训：

清华大学校训：自强不息，厚德载物

北京师范大学校训：学为人师，行为世范

哈尔滨工业大学校训：规格严格，功夫到家

哈尔滨远东理工学院校训：自强 自律 勤奋 创新

高校是社会重要的组成部分，其校训作为道德规范和精神指导，是价值观的社会延伸。

2. 企业文化就是企业的价值观

企业文化通常是企业创始人（或重要管理者）个人价值观、人生观和世界观在企业经营管理中的体现。

海尔集团认为，海尔文化是海尔人的价值观，这个价值观的核心是创新。海尔文化以观念创新为先导、以战略创新为基础、以组织创新为保障、以技术创新为手段、以市场创新为目标，伴随着海尔从无到有、从小到大、从大到强，从中国走向世界，海尔文化本身也在不断创新、发展。

华为的企业文化是爱祖国、爱人民、爱公司。华为人坚持为祖国昌盛、为民族振兴、为家庭幸福而努力奋斗。他们认为，没有为国家的个人奉献精神，就会变成自私自利的人。只有坚持集体奋斗不自私的人，才能结成一个团结的集体。

阿里巴巴的企业文化：客户第一、团队合作、拥抱变化、诚信、激情、敬业。在阿里价值观的激励和引导下，阿里员工将公司文化成功发扬，与社会相适应并影响了更多的人。

其实，企业在面试时除了了解求职者的专业知识和能力素质外，还会通过各种问题

探知求职者的个人价值观是否与本企业的企业文化相符合,企业需要的是有专业技能且个人价值观还与企业文化相匹配的员工,因为这样的人不仅能出色工作,而且还能稳定发展,与企业共进退。而在企业工作一段时间后却又选择跳槽的人,有可能是因为个人价值观与企业文化不太相融合。

3. 社会主义核心价值观

党的十八大报告强调指出:"倡导富强、民主、文明、和谐,倡导自由、平等、公正、法治,倡导爱国、敬业、诚信、友善,积极培育和践行社会主义核心价值观。"这一论述明确了社会主义核心价值观的基本理念和具体内容,指出了社会主义核心价值体系建设的现实着力点,是对社会主义核心价值体系建设的新部署、新要求。正确理解社会主义核心价值观的内涵,深刻把握积极培育和践行社会主义核心价值观的重要性,对于推进社会主义核心价值体系建设,用社会主义核心价值体系引领社会思潮、凝聚社会共识,具有重要的理论意义和实践意义。

核心价值观是社会核心价值体系基本理念的统一体,直接反映核心价值体系的本质规定性,贯穿于社会核心价值体系基本内容的各个方面。社会主义核心价值观是社会主义核心价值体系最深层的精神内核,是现阶段全国人民对社会主义核心价值观具体内容的最大公约数的表述,具有强大的感召力、凝聚力和引导力。党的十八大报告关于社会主义核心价值观的表述,对社会主义核心价值体系基本内容进行了凝练,是重要理论创新成果。

"富强、民主、文明、和谐",是我国社会主义现代化国家的建设目标,也是从价值目标层面对社会主义核心价值观基本理念的凝练,在社会主义核心价值观中居于最高层次,对其他层次的价值理念具有统领作用。富强即国富民强,是社会主义现代化国家经济建设的应然状态,是中华民族梦寐以求的美好夙愿,也是国家繁荣昌盛、人民幸福安康的物质基础。民主是人类社会的美好诉求。我们追求的民主是人民民主,其实质和核心是人民当家作主。它是社会主义的生命,也是创造人民美好幸福生活的政治保障。文明是社会进步的重要标志,也是社会主义现代化国家的重要特征。它是社会主义现代化国家文化建设的应有状态,是对面向现代化、面向世界、面向未来的,民族的科学的大众的社会主义文化的概括,是实现中华民族伟大复兴的重要支撑。和谐是中国传统文化的基本理念,集中体现了学有所教、劳有所得、病有所医、老有所养、住有所居的生动局面。它是社会主义现代化国家在社会建设领域的价值诉求,是经济社会和谐稳定、持续健康发展的重要保证。

"自由、平等、公正、法治",是对美好社会的生动表述,也是从社会层面对社会主义核心价值观基本理念的凝练。它反映了中国特色社会主义的基本属性,是我们党矢志不渝、长期实践的核心价值理念。自由是指人的意志自由、存在和发展的自由,是人类社会的美好向往,也是马克思主义追求的社会价值目标。平等指的是公民在法律面前的一律平等,其价值取向是不断实现实质平等。它要求尊重和保障人权,人人依法享有平等参与、平等发展的权利。公正即社会公平和正义,它以人的解放、人的自由平等权利的获得为前提,是国家、社会应然的根本价值理念。法治是治国理政的基本方式,依法治国是社会主义民主政治的基本要求。它通过法制建设来维护和保障公民的根本利益,是实现自由平等、公平正义的制度保证。

"爱国、敬业、诚信、友善",是公民基本道德规范,是从个人行为层面对社会主义核心价值观基本理念的凝练。它覆盖社会道德生活的各个领域,是公民必须恪守的基本道德准则,也是评价公民道德行为选择的基本价值标准。爱国是基于个人对自己祖国依赖关系的深厚情感,也是调节个人与祖国关系的行为准则。它同社会主义紧密结合在一起,要求人们以振兴中华为己任,促进民族团结、维护祖国统一、自觉报效祖国。敬业是对公民职业行为准则的价值评价,要求公民忠于职守,克己奉公,服务人民,服务社会,充分体现了社会主义职业精神。诚信即诚实守信,是人类社会千百年传承下来的道德传统,也是社会主义道德建设的重点内容,它强调诚实劳动、信守承诺、诚恳待人。友善强调公民之间应互相尊重、互相关心、互相帮助,和睦友好,努力形成社会主义的新型人际关系。

三、树立正确的职业价值观

大学生是国家和社会建设的中坚力量,树立正确的价值观对大学生自身及社会都有十分积极和重要的作用。大学生作为即将担负建设社会主义事业的一支生力军,必须德育为先,具有正确的政治方向、坚定的信仰、高尚的情操、强健的体魄、强烈的爱国主义精神和严肃的爱岗敬业精神。这一崇高的历史任务就落在了我国高等教育者的肩上,他们培养出来的学生的思想道德和科学文化素质如何,直接关系到我国现代化建设的成败。大学生作为我国的公民,在社会主义现代化建设中必须保持高度的正确站位,和党中央保持一致,时刻准备着为祖国的利益而奋斗,不辜负祖国和人民赋予的历史重托,在自己的工作岗位上勤勤恳恳,任劳任怨,以大无畏的革命主义气概实现自己的人生价值,为祖国社会主义现代化建设谱写壮丽的历史篇章。

在未来的职业之路上,会有这样一群人的身影——他们来自不同的地方,怀揣各自的理想,用不同的方式,在不同的岗位上挥洒着青春和汗水。他们有共同的目标,遵循共同的职业价值观——积极投身于祖国的社会主义建设,为实现中华民族伟大复兴的中国梦而努力奋斗。这才是新时期有理想、有知识的大学生应该具有的价值观。

【拓展阅读】

新时代大学生价值观的青春变奏与五彩镜像

国家的希望在青年,民族的未来在青年。2018 年,我国在校学生总人数已达 3 833 万人,高等教育毛入学率为 48.1%,高等教育即将进入普及化阶段。大学生一直是党和人民寄予厚望与着力培养的重要群体,价值观是其立身处世、成就事业、完满人生的擎天柱。今天,新时代中国青年处在中华民族发展的最好时期,既面临着难得的建功立业的人生际遇,也面临着"天将降大任于斯人"的时代使命,可谓青春正当时,奋进新时代。为深入了解当前大学生价值观发展现状,中国地质大学(武汉)李祖超教授负责的国家社会科学基金教育学重点项目"社会变迁过程中青少年价值观的发展及影响机制研究"课题组，在全国选取江苏、广东、辽宁、湖北、湖南、江西、陕西、广西、贵州等9省（区）开展了广泛深入的调研，其中有针对性地选取116所各类高校为样本校，共发放问卷10 084份，访谈高校各类相关教育工作者百余人。在此基础上，采用数据分析及质性研究相结合的方法，对被调查的9省（区）的在校大学生价值观发展现状进行评估，勾勒出了新时代大学生的价值观。

"乡村振兴，我们青年责无旁贷。""将论文写在万亩稻田上。"……近日来，从东海之滨到西部边陲，从塞北高原到南国大地，全国2 900多所高校、3 800多万名大学生通过"说""拍""演"等多种形式，将他们的初心和使命、理想与信念用青春的话语"告白祖国"。这些处在人生发展黄金期与民族复兴关键期叠合的新时代大学生，既见证了社会日新月异的发展，也在青春的变奏中折射出社会的变迁。当前，他们的价值取向如何，如何在他们的"拔节孕穗期"铸魂育人，成为全社会关注的重要课题。

1. 岁月静好是心愿，为国为民乐奉献

人生价值观是人们对人生问题的根本看法，主要内容是对人生目的、意义的认识和对人生的态度，具体包括公私观、义利观、苦乐观、荣辱观、幸福观和生死观等。调查发现："国为大民为先"是大多数大学生的人生价值取向原则。对于"位卑未敢忘忧国""先天下之忧而忧，后天下之乐而乐"这类观点，1 430人非常赞同，占总人数的17.8%；4 408人赞同，占54.9%，1 646人一般赞同，占20.4%，三者合计超过九成。大学生面对"什么样的人生价值最有意义""我该追求什么样的人生""我该如何实现自己的人生价值"等问题的表现皆是积极向上的。

人生价值目标的调查结果显示：被选率由高到低依次是"家庭幸福"占15.4%，"诚信友善"占14.9%，"实现个人价值"占12.7%，"爱国敬业"占12.2%，"健康长寿"占10.7%，"享受自由"占10.1%，"奉献社会"占8.4%，"开拓创新"占6.0%，"成名成家"占5.8%，"家财万贯"占3.8%。这组数据显示：一方面，"家财万贯""成名成家"这类带有功利色彩的选项被选率排在了倒数第一二的位置，与以往社会讨论中显现的"大学生重利轻义"的价值观判断背道而驰，说明大学生的人生价值观正在随着时代的变迁悄然发生转变。另一方面，10个备选项的被选率均未超过20%，未出现某个选项扎堆的极端现象，且排在前三的分别是"家庭幸福""诚信友善""实现个人价值"。这说明，当前大学生的人生价值观不仅多元，而且更加崇尚幸福友善、淡泊明志的人生价值追求。

2. 实现自我刻苦努力不投机

道德价值观的实质是人们关于自身道德观念、道德行为对于社会和人的意义的衡量，即个体认为他们在社会生活和交往中的重要程度。有关个人取得成功的影响因素的选择，调查表明，被大学生排在第一位的是"善抓机遇"，被选率达42.3%；排在第二位的是"刻苦勤奋"，被选率为39.3%，两项均属影响一个人成功与否的内部因素被选率超过八成。而"贵人帮扶""家庭背景""裙带关系""投机钻营"这类外部因素的被选率分别只占7.8%、4.7%、4.6%和1.3%。事物的发展是内因和外因共同作用的结果，其中内因起主导作用。多数大学生清晰地认识到实现个人价值的道德手段需自身刻苦努力遵规守纪而非外界投机。

对"通过打擦边球、钻政策的空子等方法达到个人目的"的态度选择上，选择"鄙视这种行为，我坚决不这样做"的占42.0%，选择"属于投机取巧行为，万不得已时也会这样做"的占38%，倾向"不算违规违纪，我可能会这样做"的有17%，选择"此乃聪明之举，我肯定会这样做"的仅3%。调研表明，当前大学生充分意识到自身刻苦努力在实现奋斗目标中的决定性作用，不赞同"拼爹""拉关系"等投机做法，更愿意发挥自身实力在激烈的竞争中取得成功，以体现自身价值，品尝胜利的喜悦。这不仅仅得益于国家政策倡导尊重人才、公平竞争的清明风气，更能看出当前大学生在思想观念上已然摒弃昔日"铁饭碗"的安稳局面，勇于走出舒适区，虽可能遭遇困难，但勇于挑起新时代的重任。至于另有极少数倾向钻空子的人，这主要归咎于不良社会风气的"后遗症"，若能固本清源、风清气正、多加引导，定能帮助其重拾信念。

3. 理性消费不随流，靠奋斗赢得"诗和远方"

经济价值观是关于经济问题的价值观体系，是大学生面对经济活动时出现的一系列经济现象的价值判断和评价。消费观调查结果显示：崇尚节俭、理性消费仍是大学生消费观的主流意识。当被问及受访者的消费理念，5 499人倾向"长远计划，理性消费"，占总人数的68.5%；1 125人倾向"省吃俭用，勤俭节约"，占总人数的14.0%；而倾向"随心所欲，开心就好""月光一族，享受当下""超前消费，享乐为先"这三项的学生人数合计仅1 400人，不足调研人数的两成。崇俭黜奢是中华民族的传统消费伦理观，从调查结果看，绝大多数大学生保持住了"本土心""本土观"，选择理性消费，拒绝超前消费，值得赞赏。另一项对大学生的奢侈品消费态度调查中，选择"追求奢侈品是缺乏自信的虚荣表现"的有1 662人，占比20.7%；选择"经济条件允许会选择购买"的有5 917人，占比73.7%。两项人数加起来超过总人数的九成。认为"奢侈品是身份地位的象征，必须拥有"的人比例仅占5.5%。从本课题调查的统计结果来看，当前绝大部分大学生对于奢侈品的消费态度既理性又正面，并未被消极、负面的不良氛围笼罩，并非随波逐流。

金钱观调查结果显示：靠勤劳挣钱、靠奋斗赢得"诗和远方"成为部分大学生的经济倾向。"对拥有巨额财富是人生赢家的重要标准"的看法，选择不赞同和非常不赞同的仅3 148人，815名大学生表示非常赞同，1 998人选择了赞同；选择不确定的有2 063人，占总人数的25.7%，另有接近三成的大学生对这一观点持不确定态度。伴随着改革开放的不断深化，社会的变迁在大学生的金钱观念里也留下了时代印记。当代大学生更能坦然面对与金钱相关的各种问题，正如古人所言"君子爱财，取之有道"。

结合访谈结果，课题组认为，看重金钱并非是"极端负面"现象，深究大学生此类价值取向背后的深层原因，发现不得不正视两层镜像的解读。市场经济的深化发展让当代大学生在成长过程中，直面了它带来的活力与生机。伴随互联网、电商平台的极大发展，许多大学生在入校之初，便开启了自身的"兼职计划"。他们通过自身努力，在大学期间便能自给自足，不再向父母索要生活费。更有甚者，在满足日常生活开销的同时，还可实现提前反哺父母、减轻家庭经济负担、为自己兴趣买单等现实诉求。这不仅仅是物质生活得到满足,更让自身获得感、幸福感、成就感得到满足。回顾这一代大学生的成长经历,不难发现他们中的大多数人都是独生子女,父母的无私奉献,让他们很少经历经济困难。生活需要得到了满足,大学生便把目光投向"诗和远方"。企业家的成功,让他们看到自主创业、投身实业等经济行为,能让人在获得更多财富的同时,获得社会的肯定,并且有余力做更多自己想做的事,完成未尽的心愿。这些都说明,当代大学生期望通过自身努力过上幸福生活,期盼靠自我奋斗赢得"诗和远方"。

4. 择业自主多样化,个性追求各不同

职业价值观即一种工作目的的表达,是大学生对待职业的一种理解,并为其职业选择、实现工作目的提供导向。调查发现,薪资待遇是大学生选择工作时最主要的考量因素,国有企业是当前大学生最青睐的就业单位,大城市是大学生就业创业的首选地点,企业家是大学生最理想的职业。但社会经济的发展,使得大学生毕业后的去向早已不是以往的"父母之命""老师之言""单位之荐",而是"个人之愿"。互联网的发展、多媒体的衍生、微文化的兴盛、经济形态的多元,使得他们有了更多的想法与选择,就业创业诉求出现不尽相同的多元体现:

男女大学生职业价值观存在差异。性别差异是造成大学生职业价值观产生差异的一个重要因素,二者呈显性相关关系。课题组发现男性大学生就业创业之时更为关注工作是否能给自己带来较高的社会声誉、获得较高收入,而女性大学生则更看重一份工作是否安稳以及个人性格是否适合。因此,男性大学生更愿意去大城市打拼创业,成为企业家以获得高收入。女性大学生则倾向于选择距离原生家庭更近的地方就业而非创业,且工作稳定、人际关系简单是主要考虑因素。

不同年级大学生职业价值观存在差异。年级高低是造成大学生职业价值观产生差异的另一重要因素。高年级大学生较低年级大学生而言更早面临毕业、求职等问题,现实的求职经历以及求职信息使其更愿意选择能获得较高收入的工作;而低年级大学生尚在校园,对现实的理解远不及脑海的向往,他们更在意通过工作提升自身能力且工作吻合个人喜好。

不同家庭背景大学生职业价值观存在差异。来自大城市、家庭人均收入较高、父母自身学历高的大学生更关注职业本身给他们带来的情感满足、发展需要。而来自城镇和中小城市、家庭人均收入相对较低、父母自身学历相对一般的大学生群体则更看重就业创业的收入高低、职业地位等。

独生子女大学生价值观存在差异。鉴于成长环境不同,大学生是否为独生子女也会影响其职业价值取向。独生子女大学生更多思量工作是否符合个人兴趣爱好、能力彰显以及个性张扬,追求自身在工作中的价值体现;而非独生子女大学生则更看重该工作是否有助于自身能力提升、获得较高收入。独生子女从小就作为家里唯一的宠儿,其成长经历更易使其关注自我多于关注他我,专注自身感受,取悦自己。而非独生子女则自小面临分享、共处、竞争等成长环境,故职业价值观上与前者出现差异,倾向不同。

5. 助力大学生打牢青春底色勇做时代先锋

从此次调研的结果来看,大学生价值观表现出主流向好,但对社会主义核心价值观和社会主义主流意识形态的认同度有待进一步提高。习近平总书记强调,青少年阶段是人生的"拔节孕穗期",最需要精心引导和栽培。要尊重青年天性,照顾青年特点,经常到青年中去,同青年零距离接触、面对面交流,了解他们的思想动态、价值取向、行为方式、生活方式,倾听他们对社会问题和现象的看法,成为青年愿意讲真话、交真心、诉真情的知心朋友。

因势利导,养护"拔节孕穗期"。当前,加强大学生价值观的培育,尤其要加强人生价值观、道德价值观的培育:一是要摸清正处在青春期的大学生心理的新特征,掌握其容易产生叛逆、焦虑等心理的特点,避免在教育过程中产生正面冲突。二是要认识到大学生群体积极向上、向善向新的特征,以引导代替说教,加强对大学生的政治引领,引导大学生自觉坚持党的领导,不忘初心,牢记使命,听党话,跟党走。三是"知己知彼",了解大学生喜闻乐见的社交平台、关注内容、价值倾向等方面。加强大学生价值观教育,并非一厢情愿一头热去做教育教学工作,而应该首先主动了解现在的大学生喜欢什么、关注什么、对什么感兴趣。只有对大学生的特点兴趣等了如指掌,才能精准点穴、招招见效,增强价值观培育的实效性。

守正创新,以政治引领筑牢信念基石。唯有加强政治引领,方可引导大学生筑牢信念基石。高等教育的根本任务是立德树人,思想政治理论课则是落实立德树人的关键课程。新时代的思想政治教育,要将新理念、新方法以及新科技融入课堂教学中。只有摒弃传统老套方式,努力创新方法及途径,才能增强其价值观教育的实效性。

思想政治理论课实现政治引领根本任务,增强价值观教育实效性的具体措施:一是要加强课程教学内容创新,开发思想政治教育新资源。将中华优秀传统文化、历史文化、社会主义先进文化等融入教学内容中,加强对诸如中国革命、中国共产党、新中国等史料的介绍,使教学内容丰富多彩、鲜活生动,富有教育意义。二是创新教学方法,利用网络、微媒体、融媒体、自媒体等,采用慕课、翻转课堂、课堂辩论、微沙龙、无领导小组讨论等形式,使学生成为课堂的主人,让真理在辩论探讨中明晰,令老课堂焕发新生机,直至润物细无声。

以文化人,固本强基打牢青春底色。中华优秀传统文化是浩瀚的中华传统文化遗产中先进性精华的集合体。它是中华传统文化中的优秀成分,凝结着中华民族最深层次的精神追求,包含着中华民族最根本的精神基因,呈现着中华民族独特的精神标志,永葆着中华民族历经风险磨难、饱尝艰辛困苦的旺盛生命力。通过创新中华优秀传统文化的表现形式,让新时代的中国声音、中国方案、中国智慧占据社会文化的主流并逐渐深入大学生内心,利用文化浸润引导大学生形成正确价值观,夯实价值观发展的基础,打牢大学生的青春底色。将优秀中华传统文化和现实文化有机统一起来,塑造良好的文化氛围,以文化人,以文育人,以耳濡目染来引导大学生形成正确的价值观。

铸魂育人,用中国气质涵养青年精魄。"以史为鉴,可知兴替"。引导大学生用历史的观点看问题、想问题、提问题,有理有据,便能"悟已往之不谏,知来者之可追",令其不以善小而不为,不以恶小而为之。当前,诸如历史虚无主义、民粹主义之类的错误思潮妄图用扭曲的历史观点动摇青年一代的奋斗信心。面对种种来自意识形态领域的挑战,唯有正面迎敌才能固我阵地。厘清中国气质的内涵,学习理解习近平新时代中国特色社会主义思想,讲明讲透那些被扭曲被黑化的历史事实,有理有据,掷地有声。唯有如此,才能铸魂育人,涵养青年精魄。唯有如此,才能使新时代大学生充满精气神,青春更亮丽,威武不屈,气壮山河。

大学生价值观的发展是一个动态变化过程。对学生个体而言,某些突发事件或关键人物的出现会对其价值观产生显著影响;对大学生群体而言,其价值观的整体表征更是会伴随社会变迁的大背景发生改变。我们研究分析新时代大学生价值观的发展状况,不能回避其动态变化的事实,更不能闭门造车,用旧眼光看待新问题,需要深入调研,弄清事实,针对大学生的思想实际,精准施教,分类施策,力求收到实效。

（节选自《光明日报》2019.9.20）

思考与练习

◎请将你追求的价值观一一列出并加以说明。
◎请谈一谈你的价值观对你生活的影响。
◎请谈一谈你还需要培养哪些价值观?

【实践体验】

活动:职业生涯规划大赛

职业生涯规划简而言之就是知己、知彼,合理选择职业目标和路径,并用高效行动去实现职业目标。掌握职业生涯规划技能对大学生规划学业、专业、职业发展有十分重要的意义。举办职业生涯规划大赛可以帮助同学们掌握和增强职业规划的能力,并对未来职业生涯的发展提供参考。

一、实践目标

大学生职业生涯规划大赛旨在进一步普及大学生职业生涯规划知识,提升广大学生职业生涯规划意识,提高其就业、创业与实践能力,促进其高质量就业、创业。

二、活动内容

组织举办校大学生职业生涯规划大赛,由各院系组织学生提交职业生涯规划书及VCR作品,主要内容为依据课堂所学知识制作规范的职业生涯规划书,将个人的职业生涯发展清晰地展现在规划书中,步骤完整,内容科学合理,录制VCR用以辅助展示个人风貌及学校、专业环境。

经过两轮选拔后,晋级决赛的学生现场展示自我风采并进行评委提问的答辩环节。

三、活动流程

通过参加和观摩比赛，学生可以巩固职业生涯规划的知识和技能，锻炼和培养职业生涯规划的意识和能力。

在全学院范围内举办大学生职业生涯规划大赛，学生将职业生涯规划书提交所在学院进行院内评比，选出优秀作品晋级校级比赛。在校级比赛中提交生涯规划书及 VCR 作品，校级比赛选拔优秀学生若干名进入决赛。在决赛阶段需要学生进行 8 分钟的自我展示及答辩环节，按照答辩分数进行决赛排名。

★活动材料参考

（一）职业规划大赛参赛作品设计与撰写要求

1. 具体步骤

（1）自我评价。

即全面了解自己。职业生涯设计必须是在充分且正确认识自身条件与相关环境的基础上进行的。要审视自己、认识自己、了解自己，做好自我评估，包括自己的兴趣、特长、性格、学识、技能、智商、情商、思维方式等。即要弄清我想干什么、我能干什么、我应该干什么、在众多的职业中我会选择什么等问题。

（2）确立目标。

确立目标是制订职业生涯规划的关键，通常目标有短期目标、中期目标、长期目标和人生目标之分。长期目标需要个人经过长期艰苦努力、不懈奋斗才有可能实现，确立长期目标时要立足现实、慎重选择、全面考虑，使之既有现实性又有前瞻性。短期目标更具体，对人的影响也更直接，是长期目标的组成部分。

参赛学生需要考虑"我想选择哪一条路线发展，我能够往哪一条路线发展"，并在实践过程中不断优化职业目标。

（3）环境评价。

职业生涯规划还要充分认识与了解相关的环境，评估环境因素对个人职业生涯发展的影响，分析环境条件的特点、发展变化情况，把握环境因素的优势与限制。了解本专业、本行业的地位、形势和发展趋势。

（4）职业定位。

职业定位就是要为职业目标与个人的潜能和主客观条件谋求最佳匹配。良好的职业定位是以个人的最佳才能、最优性格、最大兴趣、最有利的环境等信息为依据的。职业定位过程中要考虑性格与职业的匹配、兴趣与职业的匹配、特长与职业的匹配、专业与职业的匹配等。职业定位应注意：① 依据客观现实，考虑个人与社会、单位的关系；② 比较鉴别，比较职业的条件、要求、性质与自身条件的匹配情况，选择条件更合适、更符合自己特长、更感兴趣、经过努力能很快胜任、有发展前途的职业；③ 扬长避短，看主要方面，不要追求十全十美的职业;④审时度势,及时调整,要根据情况的变化及时调整择业目标,不能固执己见,一成不变。

(5)制订行动计划和策略,终身学习,高效行动。

围绕职业目标的实现,制订具有针对性、明确性与可行性的行动计划,特别是要详尽制订好大学期间和毕业后五年内的实施计划。在制订计划时要注意区分轻重缓急,在行动计划和策略制订完成后,要采取高效的行动,学会时间管理和应对干扰。

(6)评估与反馈。

整个职业生涯规划要在实施中去检验,看效果如何。根据自我发展、社会变迁以及其他不可预测的因素,主动适应各种变化,及时评估,灵活调整,不断修正、优化自己的职业生涯规划。及时诊断职业生涯规划各个环节出现的问题,找出相应对策,对规划进行调整与完善。

由此可以看出,整个规划流程中正确的自我评价是最为基础、最为核心的环节,这一环节做不好或出现偏差,就会导致整个职业生涯规划各个环节出现问题。

2.职业规划设计作品主要内容

(1)封面。

封面上有职业规划大赛参赛作品、参赛者姓名及学校等字样。

(2)扉页。

参赛人资料(姓名、性别、年龄、院系、专业、班级、学号、联系电话等)、照片。

(3)目录。

(4)正文。

①自我认知:职业兴趣、职业能力、个人特质、职业价值观、胜任能力等。

②职业认知:家庭环境、学校环境、社会环境、职业环境(行业、职业、单位、地域等)。

③职业规划:综合自我分析与职业分析的内容,确定个人的职业方向及职业目标。强调人职匹配;职业目标与职业发展路径现实、可行;有阶段性目标。

④行动方案:制定职业发展策略:职业发展路径(技术路线、管理路线等),具体路径(从什么岗位做起,逐步做到哪一岗位)。计划实施:短期计划、中期计划、长期计划。

⑤评估调整:职业目标评估、职业路径评估、实施策略评估、职业环境评估等。如果原有规划因故不能实现,通过评估确定新的方向、新的策略。评估要有时间性、阶段性,制订评估的大致时间表,确定评估调整的基本原则。

⑥结束语。

(二)职业规划大赛作品样例

职业生涯规划书
罗××

一、自我认知

姓名:罗××

性别:女

年龄:20岁

大学:哈尔滨远东理工学院

专业:财务管理

毕业学位:管理学学士学位

主流方向:财务管理方向

现任职务:创业委员

兴趣爱好:写作,唱歌,跳舞,篮球,爬山,旅游,朗诵,摄影等

◎感性认知——我的期望

首先成为一名优秀的会计管理人员,之后通过资金和人脉的积累成为一名有影响力的资深会计师,成立属于自己的会计师事务所。

◎理性认知——霍兰德职业倾向测试

我的职业兴趣类型属于企业型、社会型、艺术型。

【性格特点】

具有领导才能。喜欢竞争、敢冒风险、有野心、抱负。为人务实,习惯以利益得失、权力、地位、金钱等来衡量做事的价值,做事有较强的目的性。

有创造力,乐于创造新颖、与众不同的成果,渴望表现自己的个性,实现自身的价值。做事理想化,追求完美,不重实际。具有一定的艺术才能和个性。善于表达。怀旧、心态较为复杂。

喜欢与人交往,不断结交新的朋友,善言谈,愿意教导别人。关心社会问题,渴望发挥自己的社会作用。寻求广泛的人际关系,比较看重社会义务和社会道德。

自我认知小结:

我的企业型E、社会型S、艺术型A指数较高,反映出来的是一个爱户外交际、冒险、精力充沛、乐观、和蔼、细心、开放、好想象、独立、有创造性、助人为乐、有责任心、热情、善于合作、富于理想、友好、善良、慷慨、耐心的人。

我个人对评估结果表示肯定,在大学生活和社会经历中,我做过班级干部、义工、创业者,这些都与评估结果有很大的联系。我在大学中参加的活动不下十场,参与演出、作为嘉宾的活动不下五十场,这都归功于自己善于表现自我的性格优势。

企业型的高指数表现为我的管理能力、社交能力较强;艺术型的高指数表现为我艺术方面的天赋和后期养成的习惯对性格产生了影响,也体现在我的性格中也有感性的一面;社会型的高指数可看出我具有正确的价值观和较强的责任心。

以上三种指数反映出我可以做会计师、财务管理人员,也在市场营销等方面有潜能。

◎360°反馈评估

【自己】仔细、认真、谨慎,对生活热忱。

【家长】一直都是个让人省心的孩子。

【朋友】好像什么都会,做事情总是能让人觉得安心。

【老师】只要交给她的事情都可以放心。

【同学】乐观积极,能够传播正能量。

◎自我总结

通过以上测试我认为自己明确职业兴趣及方向,有一定的能力优势,但是也有能力劣势。所以我要发挥自己的优势,培养自己不足的能力。平时要多对自己的不足进行强化训练,譬如,多练练写作、多看一些课外书,努力学好专业知识。

二、环境认知

◎学校及专业环境

我所在的财务管理专业是学院重点建设专业。

1. 专业培养目标

财务管理是企业管理的核心,是企业可持续发展的命脉,是国家经济发展的支柱,专业发展前景较好。随着改革开放和市场经济的深入发展,尤其是在我国各地进行大规模的城市改造与建设,社会对财务管理专业人员的素质要求逐渐提高,需要一大批既懂管理又懂规划与设计,既懂理论又会实践的应用性、职业型的高级财务管理人才。

2. 就业方向

方向1 会计学方向	财务会计案例分析
	高级财务会计
	成本会计
	跨国公司财务管理
	预算会计
	财务报告分析
方向2 金融方向	资产评估学
	货币银行学
	证券投资学
	企业战略管理
	Excel 财务管理应用
	项目管理

3. 实训条件

财务管理专业校内实训室共五处,分别是经济管理实训室(一)、(二)、(三),ERP沙盘模拟实训室和会计综合模拟实训室,安装会计模拟软件、基础会计实训平台、出纳岗位实训平台、税务会计实训平台、中级会计实训平台、财务软件以及实验教学仪器设备和软件。

4. 专业总结

财务管理专业培养具备财务管理及相关金融、会计、法律等方面的知识和能力,具备会计手工核算能力、会计信息系统软件应用能力、资金筹集能力、财务可行性评价能力、财务报表分析能力、税务筹划能力,具备突出的财富管理的金融专业技能,能为公司和个人财务决策提供方向性指导及具体方法,能在工商、金融企业、事业单位及政府部门从事财务、理财管理的应用型专门人才。就业前景来看,财务管理专业应届毕业生平均工资3 400元,3~5年工资4 800元,6~7年工资7 700元,8~10年工资8 700元。因此,这个行业是"越老越吃香"。

◎家庭环境

我出生于贫困家庭,从小就懂得知识改变命运,同时养成做事踏实、仔细认真的良好习惯,具备了作为一名会计人员的基本素质,一步步靠自己的努力去实现梦想,保持勤恳的生活态度。

父母希望我在快乐的前提下做自己想做、愿意做的事情,趁着年轻多闯一闯,大胆放手去干,不要畏惧。

我希望通过自己在大学期间的不断努力,以及在大学期间创业积累的人脉,为以后就业打下坚实的基础。我学习了为人处世,以及如何应对突发事件,提高了自我应变能力,并规划好个人职业方向何去何从。

根据我的基本信息、兴趣爱好、性格动力、能力潜力、价值观念所产生的职业基本认知,结合对大学环境、专业环境、社会环境、家庭环境的认知,我最终确定会计人员、银行从业人员、审计人员、企业家适合自己的发展。

三、目标及规划

计划名称	时间跨度	总目标	分目标	计划内容	策略和措施
短期目标	2013年至2014年	在大学四年认真学习知识,丰富自己的内在素质;毕业时掌握理想工作所需具备的一切技能,以自身的实力拿到更有含金量的OFFER	●大一、大二通过英语四级、计算机二级等考试;在学生组织中担任领导;尽最大可能参与社会实践 ●利用课余时间进行自我锻炼,兼职,尽最大可能保持经济独立;参加各类有价值的竞争性比赛,积累人生财富	完成主修专业以及副修专业的学习;在创业实践中提升自己的职业技能,建立完善的人脉体系	了解对个人事业和职业发展方面的理论观点;形成自己的事业追求和方向选择;把自己打造成社会需要的职场人员

续表

计划名称	时间跨度	总目标	分目标	计划内容	策略和措施
中期目标	2015年至2018年	四年的时间达到一个职业水平高度,有丰厚的收入,以及更为完善的人脉体系,为下一步计划做铺垫	●在工作中提高专业水平,并不断加强,研学社会大百科,选择并培养自己的忠诚团队 ●在实践中锻炼理财能力,三年后有一定的资本积累	提高专业素养;及时充电把握时代命脉,充分发挥自身的优势	低调做人,高调做事,修炼人格魅力;学习多方面知识,掌握行业动向,及时充电;保持自己最初的心态,参加各种商会活动积累人脉
长期目标	2019年后	开始初步创业,充分发挥自身潜力	与时俱进,出奇制胜,开创自己的天地	摸索前行,吸纳各种贤才,把握企业方向	在全国招商引资,广纳贤才,设立区域代理,打造自己的品牌

四、职业评估

职业生涯规划是一个动态的过程,必须根据实施结果及变化进行及时的评估与修正。

(一)评估的内容

1. 职业目标评估(是否需要深入学习)

如果在发展中遇到瓶颈,如学历不够等因素,不能提拔为管理层的领导者,会选择继续学习,考硕士研究生,然后再去就业,那样不但有丰富的工作经验,还有高学历。目前来看我学习的专业还是需要专业技能较强的人员。

2. 职业路径评估(是否需要调整发展方向)

如果因为工作中感觉很压抑,说明自己并不适合这样的工作,但我个人比较喜欢与人沟通,可以考虑从事经营管理的工作,因此还会继续从事管理类的工作,可以以退为进,从更基础的公司员工做起。

3. 实施策略评估(是否需要改变行动策略)

功夫不负有心人,良好的策略需要有效的实施过程,实践会证明一切。

4. 其他因素评估(身体、家庭、经济状况以及机遇、意外情况的及时评估)

工作中会考虑父母家庭的因素,努力权衡好家庭与工作的关系。

(二)评估时间

半年评估一次,具体问题具体分析。

(三)备选方案

规划要经过现实的考验。只有从现实社会中寻找答案,才能让自己的规划落实。虽然我已经初步做好了职业生涯规划,但是在落实职业生涯的道路上仍然充满着各种未知因素。在这样的情况下,就得根据实际情况对职业生涯规划进行评估与调整,同时记录调整方案。通常调整的内容包括:职业的定位,实施措施与计划的变更等。

如果由于客观原因我不能够从事财务方面的工作,我相信我仍然会从基层做起,了解企业经营过程,从中积累社会经验,不断充实自己的理论知识加以实践。在这个过程中,我相信我会一直拥有自己的梦想,在实际中朝着目标出发,不断地提高自己,当然也会不断地调整。我会继续努力,保持积极的心态,总结经验,吸取教训,相信自己在任何岗位上都会有所成就!

五、结束语

我用一个月的时间策划了我的未来规划,我将在春天起步,在秋天收获。职业生涯规划"只要开始,永远不晚"。我很感谢学校在这里让我开始思考"我是谁""我要到哪里去"。虽然,受我的学识与阅历的限制,我的职业生涯规划还不够成熟完善,但这是我迈出探索自我的可喜的一步。

我将用两年的时间去打造我一生的工程,用经验智慧去创造我的财富之路!

思考与练习

◎根据本章理论与实践训练,撰写自己的职业生涯规划书。

第二章
Chapter 2

认识自我与探索职业

【学习目标】

本章内容的学习,要求学生主动认知自我,掌握自我认知的方法,形成对自我的全面认知和主动探索自我意识;掌握探索职业环境的方法和职业环境探索的内容及方向,形成分析职业环境的基本能力。

【导言】

古希腊德尔菲神庙上镌刻了这样一句箴言:"认识你自己。"认知自己是人类永恒的课题。我们总是对自己产生好奇——我是谁?我从哪里来?要到哪里去?我有什么兴趣、爱好、能力与天赋?我想成为什么样的人、过什么样的生活?如何才能实现我的人生梦想与生命追求?

在事业上有所作为的人,无不是从认识自我、设计自我、创造自我开始的。培根说:"认识自己比认识世界更难。"一个人能否准确地认识自己,往往是一生中能否有所创造、有所成功的关键。

爱因斯坦在20世纪50年代曾被邀请担任以色列总统,但他拒绝了。他说,我整个一生都在同客观物质世界打交道,既缺乏天生的才智,也缺乏经验来处理行政事务和人际关系,所以不适合如此重任。大文豪马克·吐温曾经经商,做过打字机生意,办过出版公司,结果亏了30万美元。他的妻子深知丈夫虽没有经商的本事,却有文学的天赋,便帮助他鼓起勇气,振作精神,重走写作之路。马克·吐温果然在文学创作上取得了辉煌的成就。

第一节 自我认知初探

知人者智,自知者明。胜人者有力,自胜者强。

——老子

我们携手走过了大一第一学期，对大学生活有了一定程度的了解。那么我们在这个阶段，要去着力解决大学乃至人生中最重要的一个问题——认知自我。

一、自我认知的含义与内容

我们的职业生涯规划是需要建立在对自身兴趣爱好、能力特长、价值观的准确把握基础上的。那么什么是自我认知？自我认知是指个人对自己的了解和认识，其中包括认识自己的长处和缺点，认识并调整自己的情绪、意向、动机、个性，并对自己的行为进行反省等。在进行职业规划之前，先要系统地认知自我，真正了解自己的职业价值观、兴趣、能力特长的弱点及不足，以便做出明智的职业选择，找到一条真正适合自己的发展之路。

自我包含两个重要的部分——生理自我和心理自我。

生理自我主要是指我们客观存在的情况，是个体对自己性别、形体、容貌、年龄、健康状况等生理特质的意识。有时候，人们也将某些与个体密切联系的衣着、打扮及外部物质世界中与个体紧密联系并属于"我的"人和物（如家属和财产等）的意识和生理自我一起统称为物质自我。认知生理自我可通过视觉观察、医学检验等方式实现，是对个体最直观、最基本的认知。

心理自我是指个体对自己心理属性的意识、情感和评价，包括个体对自己感知、记忆、思想、智力、性格、气质、动机、需要、价值观和行为等心理过程、心理状态和心理特征的认知和评价。在客观方法上，我们可以通过霍兰德性格测试、MBTI 测试等较为科学地反映心理自我，也可以通过主观评价和他人评价的方式实现对心理自我的观察。

二、自我认知的意义与作用

目前，许多高校的大学生由于缺乏正确的自我认知和科学的生涯规划与学业设计，导致学无动力、行无志向、就业迷茫、发展困惑等情况。本学期我们的教学与实训重点就是认知自我、评估环境、了解职场、规划生涯、优化学业。

那么，我们应该怎样形象地去认知这一概念呢？下面有一个兴趣爱好影响职业发展的案例，让我们体会一下自我认知的重要意义与作用。

【案例】

唯有热爱可抵岁月漫长

2020 年的高考录取结束了，千百万学子中有这样一个学生，文科考了 676 分，报考了北大考古专业。对于她报考北大考古专业这件事，有很多人表示不能理解，也有很多人对她这样的做法表示赞赏，这件事情也引发了网友的讨论。

在很多人眼里，小钟是典型的"寒门学子"——家庭经济状况并不好，年幼时父母外出务工，小钟成为留守家乡的孩子。因此，有些人认为一个寒门学子就应该利用自己的高分去选一个赚钱的专业、有前途的专业、好就业的专业。对此，小钟回应说"我从小就喜欢历史和文物,受到樊锦诗先生的影响,所以报考了考古专业"。随后北京大学官方微博回应此事"欢迎钟同学报考北京大学。授业于田野之间,树人于实践之中,愿你在北大考古,找到毕生所爱!我在大学等你。"

更加惊喜的是小钟的"偶像"樊锦诗先生也回应了!樊锦诗先生得知此事后和北京大学顾春芳教授为小钟送去由译林出版社出版的《我心归处是敦煌:樊锦诗自述》一书。这本书记述了樊锦诗在北京大学考古系的青春求学往事,以及50多年坚守大漠、守护敦煌,向世界展现中国传统艺术之美等动人故事。以此表达对小钟的祝福和希望,并写信鼓励她"不忘初心,坚守自己的理想,静下心来好好念书"。网友们纷纷表示:"感动,这是传承""唯有热爱可抵岁月漫长"。

在专业、职业乃至未来的发展方向的选择上,小钟坚持选择了自己热爱的考古专业。她说"选择专业只用几分钟,但我会坚持很久",这是她对于自己所热爱事物的执着。

我们通过这个案例看到了一个与众不同的"学霸",看到了一个对自我认知极为清晰的人坚定的理想追求,这个追求将影响她的整个人生。兴趣爱好认知是自我认知中一个非常重要的部分,清楚地认知自我的兴趣爱好、行为习惯、性格倾向,有助于我们更好地基于认知进行未来的规划。

【课堂练习】

问题	内容
我的性格	
我的兴趣	
我的特长	
我的能力	
我的品德	
我的学业情况	
我的身心素质	
我童年的梦想	
我小学的梦想	
我初中的梦想	
我高中的梦想	
我大学的梦想	
我最难忘的事	
我最后悔的事	
我最自豪的事	
我遇到的挫折	

续表

问题	内容
我的人生观	
我想成为什么样的人	
我追求的成功	
我的自评	

三、自我认知的方法

自我认知，就是人在社会实践中，对自己的生理、心理、社会活动以及对自己与周围事物的关系进行认知，包括自我观察、自我体验、自我感知、自我评价等。下面介绍几种自我认知的方法。

（一）霍兰德职业兴趣测评

霍兰德职业兴趣测评是由美国职业指导专家霍兰德根据他本人大量的职业咨询经验及其职业类型理论编制的测评工具，对确定个人的职业兴趣方向有着较为科学的引导作用。其内容如下：

【题目】假如你有几天的假期，要去一个新开发的岛屿度假。共有6个不同风情的岛屿，各有特色。看看你想去哪个呢？

A岛——"美丽浪漫岛"

这个岛上到处是美术馆、音乐厅，弥漫着浓厚的艺术文化气息。岛民们保留着传统的舞蹈、音乐与绘画。许多文艺界人士都喜欢来到这里开沙龙派对寻求灵感。

C岛——"现代井然岛"

处处耸立着的现代建筑，标志着这是一个进步的、都市形态的岛屿。岛上的户政管理、地政管理及金融管理都十分完善。岛民们个性冷静保守，处事有条不紊，善于组织规划。

E岛——"显赫富庶岛"

该岛经济高度发展，处处高级饭店、俱乐部、高尔夫球场。岛民性格热情豪爽，善于企业经营和贸易活动。岛上往来者多是企业家、经理人、政治家、律师等。这些商界名流在岛上享受着高品质生活。

I岛——"深思冥想岛"

这个岛平畴绿野，人少僻静，适合夜观星象。岛上有很多天文馆、科技博物馆、科学图书馆。岛民们最喜欢待在自己的小房子里，天天钻研学问，沉思冥想，探究真知。哲学家、科学家和心理学家们在这里约会，讨论学术，交流思想。

R岛——"自然原始岛"

这是个自然生态优良的绿色之岛。岛上不仅保留有热带雨林等原始生态系统,而且建立了相当规模的植物园、动物园、水族馆。岛民以手工制造见长,他们自己种植花果,栽培蔬菜,修缮房屋,打造器物,制作工具。

S岛——"温暖友善岛"

这个岛的岛民们都性情温和,乐于助人,人际关系十分友善。大家互助合作,重视教育后代。每个社区都能自成一个密切互动的服务网络,处处充满着人文关怀气息。

你觉得在哪些岛上度假最自在?你有六天的时间可以选择其中三座岛屿。

你最想去的岛是_____岛度假_____天;其次是_____岛度假_____天;最后是_____岛度假_____天。

【解析】你选择的岛其实就代表了你的职业兴趣类型,同时对应着六种不同的人格类型。霍兰德认为,大多数人可以归为六种人格类型:艺术型、常规型、企业型、研究型、现实型和社会型。社会职业环境也同样有这样六种,而且人们都在追求与其人格类型相匹配的职业环境,这样才有利于施展自己的技术与才能,展现自己的态度与价值,并胜任问题的解决。

A:艺术型(Artistic)

【共同特点】有创造力,乐于创造新颖、与众不同的成果,渴望表现自己的个性,实现自身的价值。做事理想化,追求完美,不重实际。具有一定的艺术才能和个性。善于表达,怀旧,心态较为复杂。

【性格特点】有创造性,非传统的,敏感,容易情绪化,较冲动,不服从指挥。

【职业环境】喜欢的工作要求具备艺术修养、创造力、表达能力和直觉,并将其用于语言、行为、声音、颜色和形式的审美、思索和感受,具备相应的能力。不善于事务性工作。但是在平常不是指做从事艺术工作,而是指工作中倾向于将事情做得漂亮、有情调、锦上添花,追求完美。

C:常规型(Conventional)

【共同特点】尊重权威和规章制度,喜欢按计划办事,细心、有条理,习惯接受他人的指挥和领导,自己不谋求领导职务。喜欢关注实际和细节情况,通常较为谨慎和保守,缺乏创造性,不喜欢冒险和竞争,富有自我牺牲精神。

【性格特点】有责任心,依赖性强,高效率,稳重踏实,细致,有耐心。

【职业环境】喜欢要求注意细节、精确度、有系统、有条理,具有记录、归档、据特定要求或程序组织数据和文字信息的工作。如秘书、办公室人员、记事员、会计、行政助理、图书馆管理员、出纳员、打字员、投资分析员。

E:企业型(Enterprise)

【共同特点】追求权力、权威和物质财富,具有领导才能。喜欢竞争、敢冒风险、有野心/抱负。为人务实,习惯以利益得失、权利、地位、金钱等来衡量做事的价值,做事有较强的目的性。

【性格特点】善辩,精力旺盛,独断,乐观,自信,好交际,机敏,有支配愿望。

【职业环境】喜欢要求具备经营、管理、劝服、监督和领导才能,以实现机构、政治、社会及经济目标的工作。如项目经理、销售、营销管理、政府官员、企业领导、法官、律师。

I:研究型(Investigative)

【共同特点】思想家而非实干家,抽象思维能力强,求知欲强,善思考,不愿动手。喜欢独立的和富有创造性的工作。知识渊博,有学识才能,不善于领导他人。考虑问题理性,做事喜欢精确,喜欢逻辑分析和推理,不断探讨未知的领域。

【性格特点】坚持性强,有韧性,喜欢钻研。为人好奇,独立性强。

【职业环境】喜欢智力的、抽象的、分析的、独立的定向任务,要求具备智力或分析才能,并将其用于观察、估测、衡量、形成理论、最终解决问题的工作。如科学研究人员、教师、工程师、电脑编程人员、医生、系统分析员。

R:现实型(Realistic)

【共同特点】愿意使用工具从事操作性工作,动手能力强,做事手脚灵活,动作协调。偏好于具体任务,不善言辞,做事保守,较为谦逊。缺乏社交能力,通常喜欢独立做事。

【性格特点】感觉迟钝,不讲究,谦逊。踏实稳重,诚实可靠。

【职业环境】喜欢使用工具、机器,需要基本操作技能的工作。要求具备机械方面才能、体力或从事与物件、机器、工具、运动器材、植物、动物相关的职业。如技术性职业(计算机硬件人员、摄影师、制图员、机械装配工),技能性职业(木匠、厨师、技工、修理工)。

S:社会型(Social)

【共同特点】喜欢与人交往,不断结交新的朋友,善言谈,愿意教导别人。关心社会问题,渴望发挥自己的社会作用。比较看重社会义务和社会道德。

【性格特点】为人友好,热情,善解人意,乐于助人。

【职业环境】喜欢与人打交道的工作,能够不断结交新的朋友,从事提供信息、启迪、帮助、培训、开发或治疗等工作。如教育工作者(教师、教育行政人员),社会工作者(咨询、公关人员)。

(二)360°评估反馈

360°评估反馈,又称360°考核法、全方位考核法,是指由员工自己、上司、直接部属、同事甚至顾客等从全方位、各个角度来评估人员的方法。评估内容包括沟通技巧、人际关系、领导能力、行政能力等。通过这种理想的评估,被评估者不仅可以从自己、上司、部属、同事甚至顾客处获得多种角度的反馈,也可以从中清楚地知道自己的不足、长处与发展需求。

360°评估反馈自20世纪80年代以来,迅速为国际许多企业所采用,用于人力资源管理和开发。事实上,360°评估反馈并不限于大公司,也可应用于其他领域作为自我评估的主要手段,如图2-1所示。

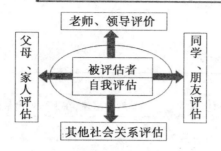

图2-1 360°评估反馈

（三）周哈里窗模式

心理学家鲁夫特与英格汉提出"周哈里窗"模式。"窗"是指一个人的心就像一扇窗，周哈里窗展示了关于自我认知、行为举止和他人对自己的认知之间在有意识或无意识的前提下形成的差异，由此分割为四个范畴：一是面对公众的自我塑造范畴；二是被公众获知但自我无意识范畴；三是自我有意识在公众面前保留的范畴；四是公众及自我两者无意识范畴，也称为潜意识。普通的窗户分成四个部分，人的心理也是如此。因此把人的内在分成四个部分：开放我、盲目我、隐藏我、未知我，如图2-2所示。

图2-2 周哈里窗模式

（四）SWOT分析法

所谓SWOT分析，即基于内外部竞争环境和竞争条件下的态势分析，就是将与研究对象密切相关的各种主要内部优势、劣势和外部的机会和威胁等，通过调查列举出来，并依照矩阵形式排列，然后用系统分析的思想，把各种因素相互匹配起来加以分析，从中得出一系列相应的结论，而结论通常带有一定的决策性。运用这种方法，可以对研究对象所处的情景进行全面、系统、准确的研究，从而根据研究结果制订相应的发展战略、计划以及对策等。

S（strengths）是优势，W（weaknesses）是劣势，O（opportunities）是机会，T（threats）是威胁。按照企业竞争战略的完整概念，战略应是一个企业"能够做的"（即组织的强项和弱项）和"可能做的"（即环境的机会和威胁）之间的有机组合。

【课堂活动】

1. 兴趣与性格测试

你的霍兰德兴趣岛测试结果：

根据霍兰德职业兴趣表和教师授课中对六种类型的描述，在下面列出最能描述你自己的语句：

序号	感兴趣的职业	喜欢这个职业的原因
1		
2		
3		

2. 360°评估反馈

自我评估	
优点	缺点

老师评估	
优点	缺点

父母评估	
优点	缺点

同学、朋友评估	
优点	缺点

其他社会关系评估	
优点	缺点

【拓展阅读】

小刘：选择与放弃

他曾经是清华大学的博士研究生，却主动申请退学，重新参加高考。2003年，他再次考取清华大学，开始了本科阶段的学习。一出一进清华，究竟有着什么样的故事，放弃和选择之间，他又将告诉我们什么？

人物简介：

小刘：清华大学建筑系2003级本科生。1998年第一次参加高考时被浙江大学化学工程系录取。四年后顺利毕业获得学士学位，并被保送到清华大学化学反应工程专业，直接攻读博士研究生。可是攻读博士期间他却从清华大学申请退学。同年六月，他第二次参加高考，并被清华大学建筑系录取。

为此，央视《面对面》栏目对他进行了采访。面对发问，小刘表示："我觉得这是个人的选择，个人的行为，没有必要说。其实国内也有，只是说无非就是不是清华的。在别人眼中可能会很特别，但是我自己觉得不会很特别，对我来说是一个比较合理的选择。因为如果读化工的话，我可能这一辈子就要走一条我完全不感兴趣的道路，那么我花五年的时间能够找到自己比较感兴趣的专业，我想还是比较幸运的。我是今年的二月份做的这个决定。我考虑了一个多月。权衡利弊，觉得一边是化工系的直博生，一边有可能是一个其他学校的建筑系本科生。利是自己喜欢的专业。弊就是那博士学位毕竟比双学位高一等。但是很明显，自己兴趣和爱好在那里，或者说自己以后一生究竟是在一个不感兴趣的专业里面痛苦地挣扎，还是在一个喜欢的专业里面很快乐地做事，这并不是单纯这几年的时间，这是涉及以后我一生的选择。在一个月的考虑时间里自己的想法会很多，因为我放弃博士，参加高考考建筑专业，我还可以选择其他的道路，我毕竟是一个大学毕业的学生，我可以选择考研、就业、考公务员之类的。也就是说如果没有浙江大学的那个本科的文凭我不敢做出这种选择，因为这样的成本对我来说太大。有了一个本科文凭，我现在做这种选择风险就会小很多。我觉得我好歹有个学位，我如果高考没有考上清华我可以考重庆大学的建筑系，重大的建筑也没考上，我有本科学历，我可以就业。"

记者：但是对你来说这种选择是五年的代价？那既然如此何必当初？

小刘：刚刚参加高考的时候，首先我是一个高三的学生，大学也好，专业也好，概念都是很模糊的，没有清晰的认识，不知道自己以后想做什么。在大二的时候产生犹豫，就觉得这个不是我要的专业。我在浙江大学大一的时候心情不好，没有很好地抓住学习的机会，因为浙江大学转专业的名额是有限制的，是5%。我当时在班上是排在第八和第九名这个样子，5%的概念就是只有班上第一名可以有机会转。但我还是没有机会，第一个我当时并没有很明确一定要报建筑，因为当时毕竟刚刚入学；第二个就是自己没有很好地把握学习的机会，没有把成绩排到前面去。心情不好是因为进了一个自己没有填报的专业，自己并不想要去读的专业。

记者：但是你并不了解这个专业，为什么就很主观地说我不喜欢这个专业？

小刘：是，所以说我后来大二的时候开始去适应它，这也就是说我大二为什么没有退学的原因。我试图去适应它，而且我花了很长的时间。大二开始，我就是我们班里面的第一名了。如果大一是第一名，我肯定会想考虑转专业。但是大二的时候，规定里面也已经没有这一条了，就是说转系的学生必须在大一。

记者：我很想知道你学化工专业时候的状态？你在学一个自己不喜欢的专业？

小刘：我没有把它当成是一个很大的负担去学，我当时就是说既然是读大学，我把专业的知识当成是自己一种学习能力的培养，然后我会去考虑其他的，比如说我自己综合能力的提高，那么这样的话我的心情就会比以前要好很多。其实，就是我不把化工专业的学习当作我在大学里面生活、学习唯一的一条路在走，我觉得我应该在大学里面学到更多的其他的各个方面的知识。

在保送进入清华以后，随着对研究方向的了解不断深入，小刘开始发现，化工专业并不是特别适合自己，经过反复思考，他决定放弃攻读硕博连读。

小刘：本科阶段的适应和读研究生是两码事。化工里面搞研究的话，对数学的要求非常高，什么复变函数啊、积分啊，很多。这方面是我学习里面觉得最枯燥的，偏偏学化工就必须要一直和这个有关系，而且还是很密切的关系。那就很难调动起自己的积极性来。以前我学化工的时候，本科生阶段没有这么多数学的东西牵扯进来，当我做科研的时候，我就担心这个，而实际上刚刚好是这个样子。其实我大四毕业的时候就很犹豫，我担心在读博士研究生的时候会很不适。当我提出要转专业的时候，几乎所有的人都持反对意见。有人会说，你已经到了一个养家糊口的年龄，你应该为你的父母着想。但是我要说，首先我们家里的经济还没有到这样一个困难的境地；其次，我父母很理解和支持我；第三，我读书几乎没有花父母的钱。我读书的钱是自己解决的，靠勤工助学、做家教，还有一些社会的活动。因为我的成绩好，我的奖学金很多。如果再有困难，我就会申请国家贷款，实际上我在浙大的时候就申请过国家助学贷款。

经过对个人兴趣爱好和特长的全面分析和权衡，小刘决定选择建筑专业作为自己发展的方向。

小刘：我曾经想过去旁听建筑系的课，但是不可以，没有机会，因为建筑系每人一张桌子，没有多的桌子，他们的桌子是固定的，不像我们其他的专业只要有座位就可以坐，他们是每人一个座位。建筑专业性要求很高，不同于其他的专业，它是一个文、理、艺、工结合在一起的学科，一个毫无专业背景的人不可能去考它的研究生，因为它连考研的题目都和全国的那种统一考试的题目有差距。

记者：今年的高考你参加，跟你第一次参加高考有什么不一样？

小刘：不一样太多了。我第一年高考的最后阶段，因为复习的时间只有三个月，最后三个月是在走下坡路；而这次高考我这三个月成绩一直在上升。还有就是，我第一次高考时的压力比现在压力大很多，整个身体状况、心理状况和现在都是不能比的。我觉得我比较幸运,因为现在的政策也好,整个教育的环境也好,都为我提供了做这样一个选择的条件。

记者:如果说有人会效仿你,你会对他们说什么?

小刘:我不提倡这个,如果说你当时就能够找到自己喜欢的专业,那么就恭喜你,你在高三的时候,就能够选择自己认为正确的一条道路走;如果说你没有,那么你应该尽早地找到这样一条路,不要像我这样。

记者:你用五年的时间完成了这个蜕变,那下一个五年,我们再见你的时候你会说什么?我很热爱建筑,我当时的选择是对的,或许说,我已经在进行第三次高考了。

小刘:这种事情是不会发生的,因为我刚才说过了,我重新参加高考不是儿戏,我是在做一个很慎重的决定,而这个决定是我经过深思熟虑的。我觉得建筑会是我的终身职业,它是我以后的发展道路。我不会去在乎我到底能取得多少成果。我不会觉得我现在已经一门钻在建筑里面去了,我就一定要有怎样的作为。人应该为了自己的热爱、为了自己所追求的东西、为了自己每天都能开心快乐而生活。

(节选自央视网)

思考与练习

◎ 请用以上所学的自我认知方法进行完整的自我认知。

◎ 请完整地参与吉讯测评系统的全方位自测,并根据测试报告写一份评估报告。

第二节 职业环境探索

人生之路要自己走,要过怎样的人生,完全是自己的选择,只有自己才能赋予生命最佳的诠释。

——佚名

为了更好地进行职业选择与职业生涯规划,我们必须对外部环境进行分析,弄清环境对职业发展的要求、影响及作用,对各种影响因素加以衡量、评估,并做出反应。

一、社会环境认知

(一)家庭环境

人的性格和品质的形成离不开家庭环境的影响。我们在进行职业生涯规划时,考虑更多的是家庭的经济状况、家人期望、家族文化等因素对个人的影响。个人职业发展规划总是同自身的成长经历和家庭环境相关联。我们在成长过程中,在不同时期也会根据自己的成长经历和所受教育的情况,不断修正、调整,并最终确立职业理想和职业计划。

正确而全面地评估家庭情况才能有针对性地设计适合自己的职业规划。

家庭环境分析指的是对家庭软、硬环境的分析。家庭软环境,是指笼罩着特定场合的气氛或氛围,它诉诸人的内在情绪和感受,对人起着潜移默化的作用,是家庭生活中人与人之间相互联系时所形成的一种气氛。家庭硬环境,是指特定的物质条件,它是人得以发展的基础条件。每个人从出生就受到家庭环境的影响,这种影响往往是多方面的、深远的。好的家庭环境能够影响人的一生。

(二)学校环境

学校环境是指所在学校的教学特色与优势、专业的选择、社会实践经验等方面。这些基本的信息在学校图书馆、官方网站、网络平台即可获得。在专业的选择、人才培养环境等方面可进行实地考察或寻求专业教师、学长学姐们的意见和帮助。学校环境对大学生成长发展具有深远的影响,在职业环境分析中也有相当重要的作用。

二、组织(企业)环境认知

我们周围经常发生这样的事情,同样的行业,有的人觉得越干越有意思,而有的人天天在思索如何换行业;同样的工作,有人在一个公司工作非常愉快,而在另一个公司工作却很不开心。其实只有知道了什么行业适合自己,找到适合自己的环境和氛围,才会心情愉悦,充分发挥才能,高效投入工作并取得成功。

1. 职业环境分析

职业环境分析就是要认清所选职业在社会大环境中的发展状况、技术含量、社会地位、未来趋势等。比如:近几年热点职业有哪些,发展前景怎样;社会发展趋势对所选职业有什么要求,影响如何等。

➢ 网络直播成为新兴产业,主播培训持续升温
➢ 土木工程专业作为传统的行业发展态势依旧稳健
➢ 新基建行业人才成为未来几年内社会的主要需求
➢ 中医药行业渐渐升温
➢ 市场营销、国际贸易专业需求旺盛
➢ 文化产业创业成为热点
➢ 外语、电子类专业前景依然乐观
➢ 众多新的经济增长点不断涌现,新职业前景可待

我们要认清所选定的职业在社会环境中的发展过程和所处的社会地位,社会发展趋势对该职业的影响,包括职业的发展趋势、职业内涵中的五个因素(社会分工,专门知识技能,创造财富方式,报酬水平,满足需求的程度)发展变化的趋势。

2. 行业环境分析

行业环境分析包括对目前所从事行业和将来想从事的目标行业的分析。分析内容

包括行业的发展状况,国际、国内重大事件对该行业的影响,目前行业的优势与问题,行业发展趋势等。

3. 企业环境分析

企业环境一般包括单位类型、企业文化、发展前景、发展阶段、产品服务、员工素质、工作氛围等。首先,要确定自己适合什么样的企业文化、什么样的环境,从而找到真正适合自己要求的公司。每个人都面临着这样一个严肃的事实:我们必须长期地、努力地工作,如果用几年的时间做自己并不适合的工作,那么就是在浪费生命、浪费组织的信任。

4. 社会环境分析

社会环境分析,就是对我们所处的社会政治环境、经济环境、法制环境、科技环境、文化环境、语言环境、卫生环境等宏观因素的分析。社会环境对我们职业生涯乃至人生发展都有着重大影响。通过对社会大环境包括国际、国内与所在地区三个层次的分析,了解和认清国际、国内和自己所在地区的政治、经济、科技、文化、法制建设、政策要求及发展方向,以更好地寻求各种发展机会及道路。

对社会环境因素的了解主要包括以下几个方面:

(1)社会政策:主要是人事政策和劳动政策。

(2)社会变迁:比如知识经济和信息化社会的发展会对人的职业生涯发展产生较大的影响。

(3)社会价值观:价值观会随着社会的不断发展和进步而发生不同程度的变化,从而影响社会对人的认识和对职业的要求。

(4)科学技术的发展:科技的发展会带来理论的更新、观念的转变、思维的变革等,而这些都是职业生涯规划中不可或缺的要素。

【课堂练习】

(一)行业了解

通过网络等途径,我对本专业对应行业的发展现状及发展趋势了解:

_____

_____

(二)企业了解

本行业知名企业我知道多少:

企业名称	企业简介	企业名人及成就简介

(三)岗位了解

我所学的专业今后可能从事的岗位：

_____

_____

三、环境认知的意义

认知环境是我们必备的基本能力之一，对于环境的认知和掌握能够有效地指导我们进行更好的职业选择，制订未来的计划。

对职业环境的认知有助于我们在校园中就建立对职业世界的基本认识，掌握社会中职业方向的变化。在日新月异的信息时代，一部分职业悄然消失，一部分职业又强势兴起，如果我们能及时掌握职业发展变化的信息，学会探索职业发展环境，对我们顺利就业和职业的更好发展都有着十分积极的作用。例如对学校环境的探索，在探索的过程中我们可以从各个方面收集相关信息，锻炼了我们收集信息、分类信息和理解信息的能力。这也是未来职场对于大学生职业能力和职业素质的基本要求。又如对专业环境的探索，能够帮助我们了解专业、明确专业方向，以便更为清晰地制订专业学习计划，确立未来职业发展方向，有助于我们更好地将专业应用在职场中，树立清晰的职业目标，进而推动专业学习的动力。

四、环境认知的途径

环境认知的途径有多种，掌握了认知环境的方法可以更好地为自身专业发展设立目标，激发学习专业的动力。

(一)查阅文献

文献是较为权威的认知方式，从文献中全面地了解环境、认知环境，是较为客观的认知方法。

（二）向学长、前辈和老师咨询

相较于文献查询,学长、业内前辈和老师更加了解专业环境,也能够将专业教学与职业发展联系起来,从专业的、更贴近我们现实的角度出发,提供更多的职业环境认知意见。

（三）借助媒体

借助媒体了解职业环境的方式特点是信息更新较快,能够及时、迅速地反映职业环境的变化。权威媒体反映出的职业环境信息更为翔实和准确,有利于我们对环境迅速做出分析和判断。同时媒体形式多样,如求职类、招聘类节目等,可以让我们在轻松氛围中了解职业环境的信息。

（四）人物访谈

人物访谈是职业规划与就业指导课程中较为专业的方式,对准确掌握具体职业环境情况并了解职业人在职场中的发展现状,是非常有效的探索手段。

☆在职业前瞻阶段,你参与了哪些职场实践,请写出你的感受和想法:
_____
_____
_____

思考与练习

◎请结合所学尝试探索你所在学校的校园环境和专业环境。
◎请你谈一谈对未来职业的选择和职业环境的分析。

第三节 职业发展路径探索

成功的奥秘在于目标的坚定。

——迪斯雷利

职业规划是大学生迈入社会的第一个规划,也是人生规划当中最核心的规划。我们在大学期间的表现,决定了我们在社会上的发展状况。

职业生涯在人的一生中占有极为重要的地位,直接影响到人生价值能否得到充分的体现,也反映了生命内容的精彩抑或平淡。因此,做好职业生涯规划对每个人来说都是十分重要的,它关乎个人的前途与命运。职业生涯规划的目的,不只是帮助一个人按照自己的资质条件去找到一份工作,更重要的是帮助一个人真正了解自己,为自己定下事业大计,筹划未来,进一步详尽估量主客观条件和内外环境优势和限制,在"衡外情、量己力"的情形下,设计出符合自己特点的、合理而又可行的职业生涯发展方向。

一、职业生涯规划的设计取向

江文雄在《生涯规划:活出快乐人生》一书中说:"悲观者抱怨风向,乐观者期待转向,聪明者调整风帆。"所以,职业生涯规划的设计取向非常重要,一般从目标、能力和机会三个维度进行分析。

(一)目标取向

即要考虑我的梦想是什么?我对什么最感兴趣?我做人和做事的价值观是什么?正如李开复所说,"我必须听从我心中的声音"。达尔文自幼对动植物就有强烈的兴趣,他狂热地搜集昆虫与植物标本,采集贝壳、化石之类的东西,他的卧室就像个博物馆。在父亲和老师眼里,他是个不求上进、智商不高、成绩低下、不可救药的孩子。在父亲的训导下,他先后前往爱丁堡大学和剑桥大学学习医学和神学,但他的兴趣始终在自然科学上,经常把采集到的昆虫新物种送给学者去命名。1831年,达尔文获准以博物学专家的身份参加了贝格尔舰的环球航行,5年之后,他发表的《物种起源》震惊了全世界。

(二)能力取向

即从工作经历、知识结构、年龄、技能、个性特点等角度对自己的能力和潜力进行全面总结,看自己究竟能做什么。当一个人自身的素质和其工作职位的要求产生很大重叠时,就容易成功。特别要思考的是:我具有什么特殊的天赋?如果能将自己的天赋和职业结合起来,那就更好了。

(三)机会取向

环境是我们施展才能的舞台。环境是职业活动的背景,也是职业生涯规划的限制条件。即环境支持允许我们干什么。职业生涯规划最重要的是适应环境,顺应环境变化。

二、职业生涯规划的实施步骤

"知己知彼,百战不殆"是职业生涯探索与规划的最佳原则。当我们对自己和环境有了充分的认识与了解,便能做出较为适合自己的决定。

(一)进行职业诊断

1. 自我分析(目标取向和能力取向)

了解自我的兴趣、专长、性格、学识、技能、智商、情商、体质、价值观、思维方式、拥有的资源等。

2. 环境分析（机会取向）

了解社会的职业需求、职业声望、社会人际环境、社会制度和社会经济发展状况等。

（二）确定职业定位——职业锚

针对上述要素按照SWOT模型进行分析，以发挥优势、弥补劣势、抓住机会、规避威胁为原则，来选择自己的最佳职业定位，即"职业锚"。

职业锚是在职业生涯规划领域具有引领地位的概念，是由美国麻省理工学院斯隆商学院的著名职业指导专家埃德加·H·施恩教授通过对该学院44名MBA毕业生的12年职业生涯研究并分析总结出的理论，又称为职业定位理论。概括地说，职业锚就是我们的最佳职业定位。

施恩教授认为，职业设计是一个持续不断的探索过程，随着个人对自身的了解，个人就会越来越明显地形成一个占主要地位的"职业锚"。这个"职业锚"就是指当一个人不得不做出选择的时候，无论如何都不会放弃的职业中的那种至关重要的东西或价值观，即人们选择和发展自己的职业时所围绕的核心问题。职业锚也是自我意向的一个习得部分。个人进入早期工作情境后，由习得的实际工作经验所决定，与在经验中自省的动机、价值观、才干相符合，达到自我满足和补偿的一种稳定的职业定位。职业锚强调个人能力、动机和价值观三方面的相互作用与整合。职业锚是个人同工作环境互动作用的产物，在实际工作中是不断调整的。

影响一个人职业锚的因素有：(1)天资、能力和兴趣；(2)工作动机和需要；(3)人生态度和价值观。

根据施恩教授的职业锚理论，我们可以总结出职业锚的如下特点：

1. 职业锚是以个人的工作经验为基础的

一个人在面临各种各样的实际工作生活情境之前，不可能准确地了解自己的能力、动机、价值观以及与之对应的、合适的职业选择。当他已经工作若干年，习得工作经验后，方能选定自己稳定的长期职业贡献区。换言之，职业锚在某种程度上由个人的实际工作经验所决定，而不只是取决于个人潜在的才干和动机。

2. 职业锚不是预测

职业锚不是根据各种测试出来的能力、才干或者职业动机、价值观所做的预测，而是个人在实际工作中，依据自我发掘的和已被证明的才干、动机、需要和价值观，现实地选择和确定的职业定位。

一个人的职业倾向可以预测，但职业锚一定是经过实践后才能确定的。一个人的职业锚通常在他的职业倾向范围之内。因此，进行职业倾向测评对确定自己的职业锚会有极大的指导作用。

3. 从确认职业锚的那时起,职业转变为事业

当一个人确定了自己的职业锚之后,他的职业生涯将转变为事业生涯,这就是职业锚的作用。当我们找到职业锚后,对别人的议论、评价和自己的辛苦、风险都能无所畏惧,义无反顾地前行。

4. 职业锚不是固定不变的

职业生涯规划是一个持续不断的探索过程。或许在每一个职场人的整个职业生涯中,会一次又一次地确立职业定位,然后打破,再确立。

由于职业锚以习得的工作经验为基础,相比从小就勤工俭学的人,很少有社会实践的人的职业锚确定时间较晚。

某公司在运用员工的职业锚方面给了我们有益的借鉴。该公司对于岗位一线工人采用工作轮调的方式来培养和训练多功能作业员,这样既提高了工人的全面操作能力,又使一些生产骨干的经验得以传授。员工还能在这个过程中发现自己的优势在哪里,从而进行准确定位,找到真正适合自己的岗位。一旦员工确立了自己的职业锚,工作起来将会更具积极性和主动性,效率将会有很大提高。

那么,如何根据自身特点做出正确的职业选择?根据SWOT模型进行自我分析(目标取向、能力取向)和环境分析(机会取向)之后,有以下五种类型的职业锚供参考。

(1)技术/职能型职业锚。

属于这一类型的人在进行职业选择时,主要注意力是工作的实际技术或职能内容,他们会在自己的领域不断地提高专业水平。他们的认同感来自在专业领域不断地得到锻炼和挑战,直到成为该领域的专家。他们总是围绕着特定领域安排自己的职业,虽然在其技术或职能领域也会接受管理职责,但他们对管理职业并不感兴趣。在许多岗位上都会有倾向技术/职能型职业锚的人,如咨询公司的项目经理、工厂的技术副厂长、企业中的研究开发人员、统计人员和会计人员等。

(2)管理型职业锚。

管理型职业锚的人把管理本身作为职业目标,而具体的技术工作或职能工作仅仅被看作通向更高的管理层道路上的必经阶段。他们倾心于全面管理,掌握更大的权力,肩负更大的责任。他们具有强有力的升迁动机和价值观,以提升等级和收入作为成功的标准。他们具有分析能力、人际沟通能力和情感能力的强强组合。管理型职业锚的主要职业领域是政府机构、企事业组织的主要负责人,如市长、局长、校长、厂长、总经理等。

(3)创造/创业型职业锚。

创造/创业型职业锚的人时时追求建立或创造完全属于自己的成就。他们要求拥有自主权、管理能力和施展自己才华的特殊能力,创造是他们自我发展的核心。他们意志坚定,敢于冒险,个人的强烈需要是能够感受到所发生的一切都是与自己的创造成果联系在一起的。他们希望用自己的能力去创建属于自己的公司或产品(或服务),而且愿意去冒风险,并克服面临的障碍。创造/创业型职业锚的主要职业领域是发明家、冒险性投

资者、产品开发人员和企业家等,该类型职业锚与其他类型职业锚存在着一定程度的重叠。

(4)自主/独立型职业锚。

属于自主/独立型职业锚的人希望随心所欲地安排自己的工作方式、工作习惯和生活方式,追求一种能最大限度地摆脱组织约束,施展自己职业能力的工作情境。他们在工作中追求享有自身的自由,宁愿放弃提升或工作发展机会,也不愿意放弃自由与独立。只有当某一项工作允许他们有弹性的工作时间或方式时,他们才愿意继续留任。该类型职业锚的主要职业领域是学者、科研人员、职业作家、个体咨询人员、手工业者和个体工商户等,与其他类型的职业锚有明显交叉。

(5)安全/稳定型职业锚。

安全/稳定型职业锚的人倾向于追求安全、稳定的职业前途,比如工作的稳定、体面的收入、有效的退休方案和津贴等等。对他们来说,工作挑战性、丰富性和其他内部动机并不重要,他们关注于工作的情境(如发展前途、工作条件、福利等)而不是工作内容本身。他们依赖组织,倾向于根据组织要求行事,寻求组织的认同,高度的感情安全,没有太大的抱负,认为成功的标准是一种稳定、安全、良好而合理的家庭和工作环境。该类型职业锚的主要职业领域是公务员或稳定性非常强的企事业单位职员。

(三)选择职业发展通道

根据上述职业锚的选择结果确定发展的职位通道。

1. 管理通道

基层管理者→中层管理者→高层管理者,具体根据各个公司的职等划分。

2. 专家通道(营销类、技术类、职能类等)

初级→中级→高级→资深→首席等,具体根据各个公司的职级划分。

(四)确定发展目标

目标确立的方法通常是先结合自身条件和现实环境选择终极目标和长期目标,然后分化为符合阶段目标要求的中期、短期目标。

制订个人职业生涯规划的最终目标就是实现自己的职业目标,因此,目标抉择是职业生涯规划的核心。职业生涯规划中所确立的目标应该是可预想到的、有一定实现可能的最长远目标,包括终极目标、长期目标、中期目标和短期目标。

在确定了职业生涯目标后,行动便成了关键的环节。这里所指的行动,是落实目标的具体措施,主要包括轮岗或多工种训练、在职培训、脱产学习等。

实施方案:首先找出自身观念、知识、能力、心理素质等方面与实现目标要求之间的差距,然后制订具体方案逐步缩小差距以实现各阶段目标。

反馈修正:任何事物都处在变化之中,大部分变化是难以预见的。现实社会中种种不确定因素的存在,会使原定的职业生涯目标在策略实施过程中出现偏差,这时需要根据反馈的情况,及时反省、修正规划目标并调整行动方案。

跟踪管理:随着职业生涯的发展,个人要不断提升自身素质,改善素质结构。为此,企业需要对员工职业生涯计划实施跟踪和指导,定期或不定期地评点和反馈其工作情况,督导其向职业生涯设定的目标方向发展,最终实现职业目标。

【拓展练习】

➤ 设计职业发展路线

在做了大量的企业调查之后,我们面临的就是选择哪条职业道路。这时要考虑以下问题:

1. 我想往哪一条路线发展?是管理人员还是专业技术人员?

2. 我能往哪一条路线走?我的知识结构、能力特长、性格特点等有利于走管理发展路线还是专业技术发展路线?

3. 我可以往哪条路线走?目前的职业环境为我提供了哪些职业发展机会?我可以选择管理发展路线还是专业技术发展路线?

下面推荐两种职业发展通道,如图2-3所示:

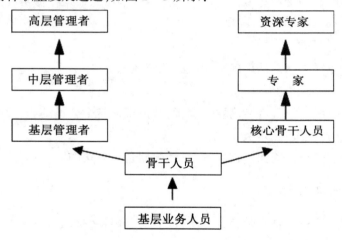

图2-3 两种职业发展通道

结合自己的专业,浏览相关的网页或者走访与专业相关的企业,了解下列工作人员所具备的技术水平和能力。

工作人员	具备的能力素质
基层业务人员	
骨干人员	
核心骨干人员	

续表

工作人员	具备的能力素质
专家	
资深专家	
基层管理者	
中层管理者	
高层管理者	

根据上表,你是否意识到了自身的职业素质对于工作的重要性?那么,让我们来反思总结一下自身具有的优秀品质和存在的不足,反思是最大的进步!

三、大学生职业生涯规划设计

大学生成才就业的路径非常多,除了正常的专业就业外,还可以参军报国、考研、考公务员、自主创业等。

确定了这些目标,我们才能更好地规划我们的关注点。可以将大的目标划分为几个阶段,将宏观的问题具体化,实现目标就容易许多。职业生涯目标的设定需要遵循明确具体、可衡量、可达成、有益且有挑战性、有具体的达成期限等原则。如此设定的目标具有科学性和可操作性。把追求的大目标分解成逐一关联的若干小目标,每个小目标如期实现了,大目标自然也就实现了。

我们要规划的重点有以下几点:

(一)素养提升

包括自信、自律、自强、友善、诚信、勤奋这些品质的着重培养。

(二)专业技能

主要包括精通专业能力,在此基础上进行其他类型知识技能的汲取和掌握,以及通识能力的锻炼——语言能力、写作能力、人际交往能力等。

(三)立德树人

着重培养爱国、拥党、为民、担当、敬业、奉献的优秀价值观。

(四)双创精神

提倡标新立异,勇于实践,不畏挫折,坚持不懈。

(五)学业认证

在成功完成学业和毕业论文后,顺利获取本科学历和学士学位,在校期间外语使用能力得到加强,获得专业、职业所必备的资格证书以适应职业发展的要求。

> **思考与练习**
>
> ◎你的职业发展方向是什么？请简要阐述。
>
> ◎你的职业发展路径与你的专业相关吗？要实现职业发展你还需要学习哪些知识或技能？
>
> ◎请结合自我认知、环境认知、路径探索和吉讯测评报告,撰写一份职业发展探索报告。

【实践体验】

活动一:自我认知训练营

一、活动目的

1. 使学生学会认知自我,明确自身兴趣、爱好、性格等方面的内容,为日后的职业选择奠定基础。

2. 使学生形成自我认知的意识,培养随着自我不断发展变化做出阶段性总结的能力。

3. 丰富校园生活,激发学生积极向上、团结一心的精神,通过娱乐与竞争的形式,使学生在活动中进步,培养上进心,增强自信心,开发自身潜力,增强人际交往能力和分析、解决问题的能力,培养团队意识以及团队的凝聚力和竞争力。

二、活动内容

(一)"我最棒"

活动规则:

1. 分组,每个小组5~6人,选出小组长、计时员。

2. 计时员宣布计时开始,各小组开始鼓掌,鼓掌声音尽量大,要有力度。

3. 鼓掌的同时,大声喊出"我最棒""我真的最棒",时间为30秒。

4. 计时员宣布时间到,全组开始报数。

5. 最后完成的一组接受惩罚措施。

游戏意义:突破常规思维,没有尝试就不知道自己的潜能有多大;在进行鼓励和调动激情后,大家会更加投入和努力,此时效率会有很大的提升。

（二）大声说出我自己

活动规则：
1. 每个小组的成员依次大声介绍自己，可介绍自己的班级、姓名、爱好、兴趣等。
2. 小组中的其他成员尽量多地记住汇报同学的信息。
3. 所有成员介绍完毕后，随机指定一名成员，请大家分享对他的信息的记录程度。

游戏意义：提高组员对自己、对他人的认识，增进彼此的了解，加快融入集体、了解集体。

（三）席地而坐

活动规则：
1. 分组，每组4人。
2. 四名同学盘膝坐于地上，与身边的人手挽手，形成一个圆圈。
3. 在手不接触地面的情况下，四个人同步站起身来。
4. 用时最短、动作最快速的组胜出。

游戏意义：通过这样的活动，使大家明白合作、配合的重要性，在今后的学习和生活中能够懂得合作，共同配合实现目标或理想。

思考与练习

◎回忆整个活动，给你留下最深刻印象的是哪一次活动或者哪一个细节？
◎你觉得自己最大的收获是什么？
◎你最想送给同伴的未来祝福是什么？

活动二：职业生涯人物访谈

一、实践目标

职业生涯人物访谈作为一种获取职业信息的有效渠道，能够帮助求职者（尤其是在校大学生）检验和印证以前通过其他渠道获得的信息，并了解与未来工作有关的特殊问题或需要，如入职标准、核心素质要求、晋升路径和工作者的内心感受等。通过职业生涯人物访谈，在校大学生还能正确认识自己的优势和不足，从而制订更加合理的大学学习、生活和实习计划。

二、活动流程

（一）了解自己

借助一定的工具（如霍兰德职业倾向测试、职业能力测量表、职业价值观自测量表）或测评软件（如朗途职业规划在线测评、时代英杰职前教育网络学堂等）分析自己的兴趣、技能和工作价值观。

注意：可以使用各种测评工具或软件，但不能迷信。

（二）寻找职业生涯人物

结合自己的兴趣、技能、价值观、教育背景和已掌握的职业知识，列出未来可能从事的3～5个职业，然后在每个职业领域寻找3位以上的在职人士作为职业生涯人物，可以是自己的亲人、老师和朋友，也可以是他们推荐的其他人，而更多的可能是借助行业协会或某个具体组织的网页找到的职场人士。

注意：(1)职业生涯人物的职业应是自己向往的；每个领域的职业生涯人物应结构合理，既有初入职场的人士，也有工作了一定年限的中高层人士；(2)正式访谈前，对职业生涯人物的信息掌握得越全面越好，对于职业生涯人物的讲话、采访或者大众传媒和企业网页上可以获得的信息要尽可能地收集和熟悉。

（三）结合目标职业信息设计访谈问题

访谈性质 A（针对就业）

问题1：您是如何找到这份工作的？
问题2：目前，行业内要求从事这份工作的人应该具备什么样的教育和培训背景？
问题3：您认为做好这份工作应该具备哪些知识、技能和经验？
问题4：您认为什么样的个人品质、性格和能力对做好这份工作来说是重要的？
问题5：这份工作需要的个人品质、性格和能力与其他工作要求的有什么不同吗？
问题6：企业对刚进入该领域工作的员工一般会提供哪些培训？
问题7：在行业内，先从什么样的工作岗位做起，能学到最多的知识，最有利于发展？
问题8：据您所知，从事这种工作的人在企业或者行业内发展的前景怎样？
问题9：您如何看待该企业的组织文化？
问题10：平常在工作方面，您每天都做些什么？
问题11：您在做这份工作时，什么是最成功的，什么最有挑战性？
问题12：从事这份工作您实现了人生价值吗？
问题13：在您的工作领域里初级职位和略高级别职位的薪水一般是什么水平？
问题14：据您所知，有什么职业杂志、行业网站或其他渠道能帮助我深入了解这个领域？

访谈性质 B(针对考研)

问题 1：您是通过保研还是考研来读研的？这里考研的录取比例怎样？
问题 2：这个专业保研的途径有几种，本校和外校分别要什么条件，各有什么程序？
问题 3：这个专业考研的面试怎样进行的？
问题 4：在考研的同学里，有公费名额吗？一般有多少？
问题 5：这个专业在全国和这个学校是什么地位？毕业生一般从事哪些工作？
问题 6：目前这个专业的毕业生初次就业时，单位给的待遇怎么样？
问题 7：目前在这个专业里有一定工作年限的毕业生的收入一般是什么水平？
问题 8：据您所知，这个专业有哪些知名的学者招收研究生？
问题 9：这些学者研究的课题项目是什么？
问题 10：您对现在的研究生生活满意吗？每天都做些什么？
问题 11：您这个专业要什么条件才能毕业？
问题 12：在您这个专业学习，需要在大学期间学好哪些课程？

注意：(1)以上问题仅供参考，提问要根据自己的具体情况进行设计，职业生涯人物访谈是要从中获得对自己有用的信息。(2)设计的问题可以封闭式为主，既节约时间，又能得到需要的答案。(3)问题设计得要尽量口语化、易懂。

(四)预约职业生涯人物

预约方式有电话、QQ、电子邮件等，其中电话方式最好。预约时首先介绍自己，然后说明找到职业生涯人物的途径、自己的采访目的、感兴趣的工作类型以及进行采访所需要的时间(通常 20~30 分钟)。如果职业生涯人物能和自己见面，要感谢他能够接受采访并确认采访的时间和地点；如果职业生涯人物不能和自己见面，要问他能否给出一些时间进行电话采访；如果还是不行，要请求他推荐一位与他所从事工作相似的人，并表示感激。

注意：(1)联系前的准备要充分，电话联系时要备好纸和笔，以备临时电话采访。(2)联系时一定要有礼貌，时间不宜过长。

(五)采访职业生涯人物

采访方式可以是面谈、电话访谈、QQ 访谈，最好的方式是面谈。面谈时，一般可以用从其他渠道了解的职业生涯人物的好消息轻松打开话题。之后就可以按设计好的问题开始访谈了。遇到职业生涯人物谈兴正浓时，要乐于倾听，这是他提供其他信息的机会。在访谈结束时，请他推荐其他相关的职业生涯人物。这样就可以以滚雪球的方式拓展自己的职业认知领域。

注意：(1)采访前为自己准备"30 秒的广告"，因为在访谈过程中职业生涯人物可能会问采访者的职业兴趣和求职意向。(2)面谈前，应征求职业生涯人物的意见，视情况对谈话进行录音或书面记录或不记录。(3)面谈一定要守时、简洁,不浪费他人时间。(4)结束时,可以向职业生涯人物赠送小礼物或一些关于学校和自己所学专业的宣传材料。(5)访谈结束后,对于不允许访谈现场记录的内容应迅速补记。(6)采访结束后一天之内,要通过合适的方式表示感谢。

(六)用职业信息加工的观点分析

在一个领域采访三个以上的职业生涯人物后,可以与之前自己对该职业的认识进行比较,找出主观认识与现实之间的偏差,确定自己是否适合这一行业、职业和工作环境,是否具备所需能力、知识与品质,进而详细制订大学期间的自我培养计划。如果访谈结果与自己之前的认识出现严重脱节,就有必要进入另一个职业领域开展新一轮职业生涯人物访谈。

思考与练习

◎根据自身所学习的专业,以职业生涯目标为基础,开展职业生涯任务访谈,访谈中需明确访谈目标与内容。

第三章
Chapter 3

养成职业素养　做合格职业人

【学习目标】

通过对本章内容的学习,明确职业素养的分类及重要意义;了解当今社会对大学生职业素养方面的要求;掌握提升个人职业素养的方法。

【案例】

一个年轻人大学毕业后被分配到一个海上油田钻井队。在海上工作的第一天,领班要求他在限定的时间内登上几十米高的钻井架,把一个包装好的盒子送到最顶层的主管手里。他拿着盒子快步登上高高的狭窄的悬梯,气喘吁吁地登上顶层,把盒子交给主管。主管只在上面签上自己的名字,就让他送回去。他又爬下悬梯,把盒子交给领班,领班也同样在上面签上自己的名字。让他再送给主管。他看了看领班,犹豫了一下,又转身爬上去。当他第二次登上顶层,把盒子交给主管时,已经两腿发颤了。主管却和上次一样,签上名字,让他把盒子再送回去。他擦擦脸上的汗水,把盒子送下来。领班签完字,让他再送上去。这时他有些愤怒了,他看看领班平静的脸,尽力忍着不发作,又拿起盒子艰难地一个台阶一个台阶地往上爬。当他上到最顶层时,浑身上下都湿透了,他第三次把盒子递给主管,主管看着他说:"把盒子打开。"他撕开外面的包装纸,打开盒子,抬起头,两眼怒视主管。主管又对他说:"把咖啡冲上。"年轻人再也忍不住了,"啪"地一下把盒子摔在地上。

这时,主管直视他说:"一个优秀的海上油田钻井队队员,应该有踏踏实实的工作作风和极强的承受能力,它是成就油田事业的素质之一。可惜,前面三次你都通过了,只差最后一点点,你没有喝到自己冲的咖啡。现在,你可以走了。"

面对严峻的就业形势,一些大学毕业生缺乏主动适应社会发展需要的意识。面对社会的用人岗位,一些大学生眼高手低、挑三拣四,有的没有明确的职业发展方向,有的缺乏必要的沟通能力和语言表达,等等。由此可见,我国高校加大对大学生科学就业的教育和引导势在必行。

第一节 职业素养的内涵及意义

凡建立功业,以立品为始基。从来有学问而能担当大事业者,无不先从品行上立定脚跟。

——徐世昌

在这个竞争激烈的社会里,如何能够在职场竞争中脱颖而出,有赖于我们良好的职业素养。

一、职业素养的基本内涵

所谓素养,是指一个人的修养,包括思想政治素养、文化素养、专业素养、身心素养等各个方面。

而职业素养则是人们在社会活动中需要遵守的行为规范。它包括职业信念、职业知识技能和职业行为习惯。其中,职业信念是职业素养的核心,它由自信、感恩、爱岗、敬业、诚信、奉献、担当、乐观、合作、坚持不懈等品行构成。

【资料】

冰山模型

冰山模型是美国社会心理学家麦克利兰于1973年提出的。所谓"冰山模型",就是将人员个体素质的不同表现表式划分为表面的"冰山以上部分"和深藏的"冰山以下部分"。

其中,"冰山以上部分"包括基本知识、技能,是外在表现,也是容易了解与测量的部分,相对而言也比较容易通过培训来改变和发展。而"冰山以下部分"即为素养,是人内在的、难以测量的部分,不太容易通过外界的影响而改变,但却对人员的行为与表现起着关键性的作用。

(节选自百度百科)

素养往往影响着人的一生。良好的素养有助于人的发展,使人生的道路越走越宽广。

二、职业素养的特点

(一)职业性

不同的职业要求的职业素养也是不同的。对建筑工人职业素养的要求不同于对护士职业素养的要求;对商业服务人员职业素养的要求不同于对教师。一个人需要具备何种职业素养,取决于其就职于何种工作岗位。

（二）稳定性

一个人的职业素养是在长期工作中日积月累形成的，一旦形成，便产生相对的稳定性。比如一位教师经过几年的教学实践，就逐渐形成了备课、讲课、热爱学生、为人师表等一系列教师职业素养，于是便能保持相对的稳定。

（三）内在性

从业人员在长期的职业活动中，经过学习、认识和亲身体验，觉得怎样做是对的，怎样做是不对的，这样有意识地内化、积淀和升华的这一心理品质，就是职业素养的内在性。

（四）整体性

一个从业人员的职业素养与其整体素养有关。我们说一个人职业素养好，不仅指他的思想政治素养、职业道德素养好，还包括他的科学文化素养、专业技能素养好，甚至包括身体心理素养好。一个从业人员虽然思想道德素养好，但科学文化素养、专业技能素养差，就不能说这个人整体素养好。相反，一个从业人员科学文化素养、专业技能素养都不错，但思想道德素养比较差，同样也不能说这个人整体素养好。

（五）发展性

一个人的素养是通过教育、社会实践和社会影响逐步形成的，它具有相对性和稳定性。随着社会发展对人们不断提出的要求，为了更好地适应、满足、促进社会的发展需要，人们就必须不断地提高自己的职业素养。

【故事一】

诚信篇：时隔多年的床垫

一个中年人搬家时，到一家名叫"蓝森林"的家具店订购了一张床垫。回家的路上突然想起说错了地址。这个中年人还没来得及告知家具店，途中遭遇车祸成了一个植物人。此后，"蓝森林"的送货人一次又一次地吃了闭门羹。但"蓝森林"是一家讲信誉的老店，他们不但没有因为这张床垫无人领取而感到捡了个便宜，反而四处张贴广告，并在当地媒体上发布信息寻找购买床垫的人。更令人感动的是，这期间，家具店老板两次更迭，接任时，前任都要给接任者说明这张床垫的事情，接任者也像他们的前任一样，信守诺言。七年后，奇迹发生了，"植物人"竟奇迹般地苏醒了，他唯一能够记起的事就是：他是在订购床垫回来的路上出事的。结局是尽善尽美的——店家特意将这张床垫作为订购者康复回家后的第一个礼物送到了客户的家里。

启示：这个故事告诉我们：真正的信义在心灵深处，在精神层面，诚信更应该是理性的信诺，而不仅仅只是感性的弘扬。

【故事二】

责任篇：有责任感的人总是不嫌多

某公司要裁员,下岗名单公布了,有内勤部的小灿和小燕,规定1个月后离岗。那天,大家看她俩都小心翼翼地,不敢多说一句话。因为她俩的眼圈都红红的,这事摊到谁头上都难以接受。

第二天上班,小灿心里憋气,情绪仍然很激动,什么也干不下去,一会儿找同事哭诉,一会儿找主任申冤,传送文件、收发信件这些她应该干的活,全扔在一边,别人只好替她干。而小燕呢,她也哭了一个晚上,可是难过归难过,离走还有1个月呢,工作总不能不做,于是她默默地打开电脑,继续打文稿、通知。同事们知道她要下岗,不好意思再找她打字了。她特意和大家打招呼,主动揽活。她说:"反正已经这样了,不如好好干完这个月,以后想给你们干活都没机会了。"于是,同事们又像从前一样,"小燕,把这个打出来,快点儿!""小燕,快把这个传出去!"小燕总是连声答应,手指飞快地点击着,辛勤地复印着,随叫随到,坚守着她的岗位,坚守着她的职责。1个月后,小灿如期下岗,而小燕却从裁员的名单中删除,留了下来。主任当众宣布了老总的话:"像小燕这样的员工公司永远也不会嫌多!"

启示:小灿走了,小燕怎么留下了?是强烈的工作责任意识给了小燕机会。

【故事三】

感恩篇：感谢你找到了我

在一个大市场的一角,一台蒙尘发朽的钢琴同众多的东西一样被随意地扔在那里,人们经过时都绕着它走,怕蹭上灰尘——这个庞然大物很碍事。这样的日子一天天重复着,它经历了风吹、雨淋、日晒,变得更脏了。"这个东西没用了,最适合它的去处是乡下的灶膛!""把它劈了烧火算了!"

一天,市场里来了一位老人。他慢慢走到那个庞然大物旁,前后仔细地看了几遍,然后拭去尘土,并掏出工具,把它上上下下调整了一番,一台锃亮的钢琴呈现在了大家面前。老人搬来把椅子,坐在那里屏息了一会儿,骤然间,悠扬、铿锵的琴声从老人的指缝间飞出。围观的人们越聚越多,大家赞叹老人的琴艺,更感兴趣的是那架钢琴——一台多好的琴啊!

"它可真漂亮,是什么牌子的?"

"真是一台好琴啊!"

那些曾经漠视它的人们现在对它充满了好感,那个昔日里风吹雨淋的"脏"东西,顿时身价倍增。

启示:若没有识琴的那个老人,那台钢琴注定要遭遇更多的困难和坎坷。如果我们能够在职业生涯的路途上,遇到一位知己的领导,会是一件十分幸运的事情。领导的知人识己,会使我们受益终身。同样,面对领导的知遇之恩我们更应感恩。

三、提升职业素养的重要意义

（一）适应市场经济发展的要求

职业素养在当今社会中的作用越来越重要。企业需要的不仅仅是专业领域的能手，更是有着良好职业素养的人才。职业素养好的人才在今后的工作中，无论是掌握专业技术的能力还是沟通、角色转换的能力提升的速度都非常快，有很强的可塑性。

（二）提高就业竞争力

职业素养是我们进入企业的"金钥匙"。一些用人单位反映部分毕业生缺乏职业素养，缺少责任心与使命感，理想化情结过浓，过于看重待遇、工作环境，过分注重眼前的实际利益，忽视单位的长远发展。而良好的职业素养有利于提高学生就业的竞争力。我们毕业后能否顺利就业，能否取得成就，人才供需双方能否顺利对接，在很大程度上取决于我们的职业素养。

（三）助力职业生涯发展

良好的职业素养是职场制胜、事业成功的法宝。一个人的能力和专业知识固然重要，但是在职场要成功，最关键的在于他所具有的职业素养。据调查，大多数公司认为，制约人才发展的最大瓶颈是缺乏良好的职业素养。研究表明：大多数人在工作中仅发挥了40%～50%左右的能力。如果能够受到良好的职业素养教育，就能发挥其能力的50%～80%。

思考与练习

◎ 职业素养与个人素养的联系和区别有哪些？

◎ 为什么职业素养是影响职业生涯的关键因素？

第二节　职业素养的全方位提升

古之欲明明德于天下者，先治其国；欲治其国者，先齐其家；欲齐其家者，先修其身；欲修其身者，先正其心；欲正其心者，先诚其意；欲诚其意者，先致其知，致知在格物。

——礼记

职业素养是一个相对广泛的范畴，涵盖了一个职业人的方方面面。职业素养对于一个人的职业生涯发展来说关系重大，因此，需要对职业素养进行全方位的把握，找到提升职业素养的路径和方法。

一、保持积极的心态

心态就是人们认识事物的心理态度,心态有两种:积极心态和消极心态。心理学家马斯洛曾经有一句名言:"心态若改变,态度跟着改变;态度改变,习惯跟着改变;习惯改变,性格跟着改变;性格改变,人生就跟着改变。"可以说,一个人的心态是其为人处世的关键。事物本身并不能影响人,人只受对事物认识积极与否的影响。心态决定我们的生活,有什么样的心态,就有什么样的未来。

(一)心态在求职中的作用

【案例】

大学生小霞的求职经历

一天,大学生小霞到一家公司应聘会计工作,可在面试时遭拒绝,理由是公司不招应届毕业生,需要的是有丰富工作经验的资深会计人员。

小霞没有气馁,坚持对主考官说:"请再给我一次机会,允许我参加完笔试好吗?"主考官同意了。结果她通过了笔试并由人事经理进行复试。

经理对小霞的印象很好,因为她的笔试成绩最好。小霞坦诚地说:"我是应届毕业生,唯一的工作经验就是在学校管理过学生会的财务。"经理听完后对小霞说:"今天就到这里,如果有消息我会打电话通知你的。"

小霞微笑着从座位上站起来,向经理点头致谢,并从口袋里掏出两块钱双手递给经理:"不管是否录取,都请您给我打个电话好吗?"

经理愣了一下,很快回过神来问:"你怎么知道我不给没有录用的人打电话?"

小霞回答:"您刚才说有消息就打,那言下之意就是没录用就不打了。"

经理对小霞的言行产生了浓厚的兴趣,问:"如果你没被录用,我打电话,你想知道什么?"

小霞说:"我想请您指点我哪些方面做得不够好,我会不断改进,同时也对您的指教表示真诚的谢意。"

经理又问:"那两块钱……"小霞微笑道:"给没有被录取的人打电话不属于公司的正常开支,所以电话费理应由我支付。"

经理微笑道:"请你把两块钱收回,我不会打电话了,我现在就通知,你被录用了。"

后来的工作实践证明,小霞确实成为一名优秀的财务人员。

通过大学生小霞成功求职的案例不难看出,她除了拥有扎实的财务专业知识外,还表现出了积极的心态、自信的勇气、良好的礼仪、严谨的态度、感恩的心理和坚韧的性格等优秀的职业素养。如果无法做到以上方面,则临场表现势必会因紧张、焦虑等负面情绪所影响,从而难以完全发挥自身水平。因此,我们在求职应聘的过程中,应当尽量克服初次求职的紧张情绪,做到勇敢面对、认真面对、乐观面对。

(二)积极心态的表现

积极心态能够使人健康长寿、催人奋进、激励斗志、战胜困难、不怕挫折,帮助人们获得幸福快乐和成功财富。而消极心态则使人悲观失望、牢骚抱怨、自卑自弃、失败痛苦,它不断地排斥快乐和健康,甚至会毁掉一个人。我们当代大学生应当学会在学习、生活中不断培养积极心态,努力克服消极心态。

【拓展阅读】

两个老太太的心态

有两个年近70岁的老太太,一个认为到了这个年纪可算是人生的尽头,于是便开始料理后事,很快她便去世了;另一个却认为一个人能做什么事不在于年龄的大小,而在于怎么个想法。于是,她在70岁时开始学习登山,后来还以95岁高龄登上了日本的富士山,打破攀登此山年龄最高的纪录。她就是著名的胡达·克鲁斯。

启示:70岁开始学习登山,这是一大奇迹。但奇迹是人创造出来的。一个人如果是积极思维者,喜欢接受挑战和应付麻烦事,那他就成功了一半。胡达·克鲁斯老太太的壮举正验证了这一点。

一个人能否成功,就看他的态度了!成功人士始终用积极的思维、乐观的精神支配和控制自己的人生。失败者则刚好相反,他们的人生是受过去的种种失败与疑虑引导支配的。有些人总喜欢说,他们现在的境况是别人造成的。这些人常说他们的想法无法改变。但事实上,如何看待人生、把握人生由我们自己决定。

(节选自搜狐网)

(三)积极心态的训练与养成

1.学会假装拥有

美国潜能激励大师安东尼·罗宾指出:如果你想让自己变得积极进取,有一种方法就是"假装"付诸积极的行为。一个积极行为能假装做到21天,也能养成一个良好习惯。当行为(生理)上假装拥有时,素养(心态)上也会随之改变。

"装作"挺胸收腹快步行走,可以给人阳光自信、充满朝气、富有生机、乐观向上的感觉,进而形成习惯。

"装作"干活不怕脏不怕累,可以给人以热爱劳动、吃苦在前、身先士卒、忠厚实在的好印象,进而形成品质。

"装作"晚间阅读或早起跑步,可以给人朝气蓬勃、勤奋好学、拼搏进取、前途无量的感觉,进而能让美梦成真。

"装作"和蔼可亲或微笑善良,会给人很有教养、高贵文雅、充满爱心、气质横溢的感觉,进而人见人爱。

2. 克服抱怨心态

所谓抱怨心态,是指心中常怀不满,注意力始终放在别人的是非上。抱怨情绪会互相感染,与快乐的人在一起容易快乐,与悲观的人在一起更容易悲观。保持平常心,并学会自我消解,可以免受抱怨心态的侵蚀。

若要克服抱怨心态,可以尝试以下方法:心灵导师威尔·鲍温在《不抱怨的世界》一书中提出"紫手环活动",即准备一个紫色的手环,心态积极时戴在右手上,产生抱怨、借口等消极心态时戴在左手上,如果连续21天能戴在右手上不换,就说明你基本拥有了遇事不抱怨的积极心态。

【课堂活动】

测试一下你的心态是否积极:

(1)一旦你下了决心,即使没有人赞同,你仍然会坚持做到底吗?

(2)如果店员的服务态度不好,你会告诉他们经理吗?

(3)你不常欣赏自己的照片吗?

(4)别人批评你,你会觉得难过吗?

(5)你很少对人说出你真正的意见吗?

(6)对别人的赞美,你持怀疑的态度吗?

(7)你总是觉得自己比别人差吗?

(8)你对自己的外表满意吗?

(9)你认为自己的能力比别人强吗?

(10)你是个受欢迎的人吗?

(11)你有幽默感吗?

(12)危急时,你很冷静吗?

(13)你与别人合作愉快吗?

(14)你经常希望自己长得像某人吗?

(15)你经常羡慕别人的成就吗?

(16)你勉强自己做许多不愿意做的事吗?

(17)你认为你的优点比缺点多吗?

(18)你经常听取别人的意见吗?

(19)你的个性很强吗?

(20)你希望自己具备更多的才能和天赋吗?

请你给自己打分,"是"得1分,"否"不得分。

评分标准：

分数为 13~20 分：你具有积极的心态，明白自己的优点，同时也清楚自己的缺点。但如果你的得分接近 20 分，别人可能会认为你很狂傲，你要谦虚一点，才会受人欢迎。

分数为 6~12 分：你的心态比较积极，但是你仍或多或少缺乏安全感，对自己产生怀疑。你要常提醒自己，在优点和长处方面并不比别人差，要有信心。

分数为 6 分以下：你的心态很消极。过于谦虚和自我压抑，因此经常受人支配。你尽量不要去想自己的弱点，先学会看重自己，别人才会真正看重你。

反思自我：

我的心态怎么样？存在哪些问题？

是什么导致了上述这些问题？

在今后的大学生活中，我要如何调整自己的心态？

二、提升抗挫折能力

人们无论是在职场中还是在生活中，遭受挫折总是难以避免的。但是如何面对挫折，却把人分成了不同的样子。有的人会被挫折击垮，有的人能够不断地爬起来继续向前。而往往后者会在职场中较好地承担起工作任务。因此，学会面对挫折并战胜挫折，也是职业素养当中的重要部分。

（一）正确理解挫折与失败

在通常情况下，失败是指在要求的时间内没有达成既定的目标，还造成了无法弥补的损失。如何看待失败，不但是世界观问题，也是方法论问题。

其实有些失败就是"暂时性的挫折"，而挫折通常是以"哑语"的方式传递着某种有助于成功的信息，如果你能意识到，用积极的心态进行破译，可能就会避免更大的挫折，从而更快地步入成功的殿堂。所以，面对人生道路上的"暂时性的挫折"，只有放弃才是真正意义上的失败，因为放弃了就永远失去了成功的机会。

【案例】

爱迪生眼中的失败

爱迪生是美国著名的发明家、企业家，他一生中共完成 2 000 多项发明，其中白炽电灯的发明就是他对人类的最重大贡献之一。

为了发明灯泡，爱迪生一共试用了 6 000 多种材料，做了 7 000 多次实验，终于发明了灯泡并把它的寿命从 45 小时提高到了一千多小时。一位年轻记者采访他时问道："爱迪生先生，你目前的发明曾失败过近一万次，你对此有何感想？"爱迪生回答说："年轻人，因为你人生的旅程才起步，所以我告诉你一个对你未来很有帮助的启示。我并没有失败过一万次，只是发现了一万种行不通的方法。"

（二）对待挫折的正确态度

在挫折面前,至少有三种态度的人。

第一种人,遭受挫折的严重打击后,从此一蹶不振,成为让挫折一次性击垮的懦夫,从而成为真正的失败者,此为无勇无智者。

第二种人,遭受挫折的严重打击后,并不知反省自己和总结经验教训,仅凭满腔热血盲目地勇往直前,这种人往往事倍功半,即便成功,亦常如昙花一现,此为有勇无智者。

第三种人,遭受挫折的严重打击后,能够认真地审时度势,极快地调整思维、目标、策略和方法,在时机与实力兼备的情况下再度出击,这种人堪称智勇双全者,成功的桂冠往往青睐这种人。

按照二八黄金法则,无勇无智者占人类总数的80%,有勇无谋者与智勇双全者占20%。而在这20%的人中,再次运用二八黄金法则,有勇无谋者占80%,智勇双全者只占20%。如果在智勇双全者中按二八黄金法则再次分派,那么,真正能够成为成功者的也就仅占1%左右。成功者之所以成功,就在于他的智与勇,尤其在其智。智者即善于总结经验之人。

【案例】

伟大的希腊演说家德谟克利特因为口吃而害臊羞怯。他父亲留下一块土地,想使他富裕起来,但当时希腊的法律规定,他必须在声明土地所有权之前,先在公开的辩论中战胜所有人才行。口吃加上害羞使他惨败,结果丧失了这块土地。从此他发奋努力,在海边和地窖里,口含小石子练习发声。经过多年苦练,他再去演说的时候,每一次都会赢得经久不息的掌声,终于成为古希腊卓越的演说家。几个世纪以来,世界各地的人都在聆听德谟克利特的故事。不管你跌倒多少次,只要能再站起来,你就不是一个失败者。

每一个奋发向上的人在成功之前都曾经历过无数次的挫折,我们需要试验、耐心和坚持,才能汲取经验从而走向成功。我们要牢记:太阳落下明天还会升起,冬天过后春天就会来临。每一个困境中都会有一粒种子,如果用信心和耐力的心露浇灌,就会长出新的希望!

三、养成良好的习惯

（一）蕴藏无形力量的习惯

习惯是指在长期生活实践中逐渐养成的,一时不容易改变的行为、倾向或社会风尚。它对人的一生起着潜在的、恒久的影响。一个好的习惯,可以使人终身受益;一个坏的习惯,则可能遗祸一生。

【案例】

温水煮青蛙

科学家曾做过一个实验,将一只青蛙放进一口盛满清水的铁锅里,然后,铁锅被慢慢加热。青蛙在一锅清水里舒适地游泳,没有感觉到水温的明显变化,很快就习惯了。当它感觉到情况不妙,试图跳出去时,已经没有足够的力气了。如果一开始就把青蛙放进热水里,它会一下子跳出去。

(二)习惯对人生的影响

【案例】

挥手下的人命

古时候,一个年轻人向一位技艺精湛的理发师学剃头,由于初来乍到没有剃头的技能,所以师傅告诉他三个月内先用冬瓜模拟人头进行练习。三个月过去了,年轻人勤学苦练,剃冬瓜的技艺已经十分娴熟。为了进一步提高徒儿的实际剃头本领,有一天师傅让他为一个顾客剃头,徒弟甚喜,结果三下五除二就把顾客的头剃得光亮无比,随后徒儿高兴地说:师傅,看看徒儿的手艺如何?当师傅回过头来欣赏的时候,就听顾客"啊"的一声惨叫,只见年轻人的剃刀已深深地劈进了顾客的头颅里,年轻人吓得呆如木鸡。原来,这位年轻人在每次剃完冬瓜后就顺手把剃刀扎在冬瓜上,以示自己又成功地剃完一个冬瓜,没想到这三个来月的无意行为已成为他的习惯,结果导致了这一人命案的发生。

由此可见,习惯对于人生的影响往往是巨大的。好习惯可以帮助人们成功,而坏习惯却足以致人失败。因此,我们在开启职业生涯之前,有必要提前养成良好的职业习惯,为即将到来的职业生涯做好充分的准备。

(三)养成良好习惯的方法

1.时间管理小测试

浪费时间的测试

下面用最简单的办法来测试你是否浪费时间,你只需回答"是"或"否"。
(1)你是否作息没有规律?
(2)你是否经常感到很无聊?
(3)你时常在学习时被打断吗?
(4)你经常很长时间不看书吗?
(5)你是否经常上网到深夜?
(6)你每天是否有具体学习工作安排?
(7)你是否每天总结归纳当天所做的事情?

(8)你很少花时间去做你想做的事吗？
(9)你是否在学习方面没有短期、中期和长期计划？
(10)当你休假了一段时间,你是否没什么感觉？
(11)你觉得找借口推迟你不喜欢做的事容易吗？
(12)在近一个月里,你是否缺席了一些重要的课程？
(13)如果没有完成你所希望做的任务,你有没有紧迫感？
(14)即使没有出现严重问题,你也经常感到学习有很多压力？
(15)你是否沉醉于过去的成功或失败之中而没有着眼于未来？
(16)你是否太忙于解决一些琐碎的事而没有去做与个人长期目标一致的大事？

结果分析：

13~16个"是"：警惕,再这样浪费时间的话,你会后悔终生。

9~12个"是"：当心,你需要重新审视你的时间安排。

5~8个"是"：可以,方向正确,但需要提升冲劲。

0~4个"是"：恭喜,坚持并保持你的方法。

2. 行动策略

列出你每月的时间规划清单

时间分配指向	目标的重要性	所占时间比重	实现目标的措施

【拓展阅读】

量变与质变的震撼

一张70克的A4纸厚0.1毫米,折叠三次为八层,厚度大概是0.8毫米左右,试问有一张足够大并与上面同厚的纸,折叠51次后的厚度是多少？

很多人对这个问题的回答是一个冰箱那么厚、一根电线杆的厚度或几层楼的厚度等。然而,通过计算可知,这个数字达到了2.3亿公里厚。而地球到太阳的距离大约为1.44亿公里,这张纸的厚度已超过地球到太阳的距离。

为什么微不足道的厚度经过简单的数十次折叠后竟然能达到惊人的厚度呢？这就是量变与质变的关系。由此说明,当我们不断重复一个行为时,到一定程度后就可以养成一个习惯,而习惯又可以决定命运。这就是说,一个行为可以是偶然的,但经过数十次重复后就形成了必然的习惯。"只要功夫深,铁棒磨成针"表达的也是这个道理。

习惯是可以养成的。人的行为95%来自习惯,可以说,人的性格是一切习惯的总和。一个人可以没有很好的天赋,而一旦拥有了好习惯,生命中的收益将超过人们的想象。人生就是一场好习惯与坏习惯的拉锯战,要创造美丽的人生,就要不断培养好习惯,改正坏习惯。养成好习惯的唯一方法是:用一个好习惯去替代相对应的那个坏习惯并坚持,无数次地重复。

在改掉坏习惯的过程中,我们要像凸透镜聚焦一样集中我们的显意识,一次只改掉一个习惯,如此,我们将获得对潜意识"编程"的强大能量。一次改掉多个习惯的企图,势必分散我们的精力。在开始试着改变习惯的时候,我们往往会觉得困难。但是,一旦我们成功地改掉第一个坏习惯,改掉其他坏习惯就将变得越来越容易。事实上,随着坏习惯被好习惯逐个取代,我们将变得越来越善于改变自己的习惯。也就是说,我们已经开始养成"改掉坏习惯"的习惯了。

四、保持诚信的品质

(一)诚信是做人的基本要求

诚信即诚实、守信。诚实就是忠诚正直、言行一致、表里如一,守信就是遵守诺言、不虚伪欺诈。诚实是守信的基础,守信是诚实的具体表现。

生而为人,诚信为本。在当今时代,诚信是社会美德,是个人修养,也是无形资产。对个人而言,诚信是信用证;对企业而言,诚信是金字招牌。无诚信无以长久,无诚信无以强盛。

(二)诚信对人生的影响

【案例】

诚信赢得财富

有一位女会计下岗了。为了生存,她同一群下岗女职工搞起了编织,引起了外贸部门的重视,并为她们争取来了一份韩国订单——编织毛线帽。客户把价格压得很低,质量要求极为严格,时间也很紧。为了获得更多更好的订单,她们答应下来。可是,当她们交第一批货时,客户又改变了图纸,从原材料到花色品种都要调整,交货时间却不能拖延。虽然她们知道这个承诺的风险有多大,可能会倾家荡产,但她们经过冷静思考后签了约。她们夜以继日、废寝忘食地工作,终于如期保质保量完成了订单。客户方面很满意。一批又一批订单接踵而来,她们的编织队伍也一扩再扩,竟发展成浩浩荡荡的万人大军!上万名下岗女职工打开了新的就业之门,生活有了着落。或许,从创收的角度可以计算出她们的经济价值,然而,一个庞大的弱势群体重燃信心,重塑自我,其社会价值谁算得清呢?而这一切都来自当初那背水一战的慨然一诺。

"诚信走遍天下",以诚待人、守信于人,才能得到别人的尊重、信任和支持,才有利于营造和谐友善的人际关系,有利于个人的进步和事业的发展。人无信不立,良好的信誉会带来意想不到的惊喜。我们如果要追求成功和卓越,就必须言必信、行必果,把诚实守信修炼成自己正身立命的习惯与品德。

(三)诚信的养成方法

1. 懂得诚信的重要性

要做一个守信的人,深刻认识和理解诚信的重要性,懂得诚信不仅是中华民族的传统美德,也是一个人立足社会、与人交往取得他人信任的通行证,更能反映出一个人的素质和修养。

2. 不轻易随便地承诺

要做到诚信,就要努力做到不轻易地承诺他人。轻诺必寡信,很多事情要好好考虑,所答应的事情是什么事情,考虑一下自己的情况,自己的时间和能力,自己答应的事情能否做到。不要轻易地答应了而做不到伤害了别人。

3. 做到守时

要做到诚信,首先要遵守约定的时间。特别是开会、洽谈业务的时候,一定要提前到一会儿,而不是迟到,让别人等,这不仅是对别人的尊重,更可以看出一个人的人品,以及对事情的重视程度。

4. 答应的事情用心去办

答应别人的事情一定要做到,并且要用心去办,不要答应的时候很爽快,过后就抛之脑后了,别人催促还找各种理由加以搪塞,这样都会让人感觉你不想帮助别人,是个不守信的人。

5. 办不到及时告知对方并请求谅解

如果因为某种原因确实无法做到,要及时告知对方,说明情况,请求对方谅解;不能因为感觉没有面子,就采取逃避的方式,那只会让事情恶化,可能会给对方带来精神困扰或者经济上的损失。

6. 学会拒绝委婉说"不"

要做到诚信,不仅不能轻易地答应别人,还要根据自己的情况,学会委婉地拒绝。有些事情,自己确实不想办,办了自己会感觉不舒服,或者说自己确实办不了,这时候可以委婉地告诉对方,自己的能力有限,做不到不能答应。

7. 不要吹嘘自我

做事高调,做人要低调,不要感觉自己了不起,到处自我吹嘘,说"什么事都能办,尽管放心"。答应了很多事情却办不到的人,同样是不守信的人。

> **思考与练习**
> ◎在职场中不诚信的危害有哪些?请举例说明。

【实践体验】

活动一:时间管理训练营

管理好自己的时间也是很重要的职业素养。每个人每天都有 24 小时,1 440 分钟,86 400 秒。我们每天对待时间的态度就是对待生命的态度,如何用这 24 小时便决定了不同的人生。选择浪费还是高效利用,前者换来的或许是片刻的欢愉,后者为我们赢取的则是一个精彩的人生。

一、活动目的

1. 使学生学会通过有效的时间管理,对自己要做的事情有一定的事先规划,以此作为一种提醒与指引。充分合理地利用时间,压缩时间的流程,使时间价值最大化。

2. 使学生在校期间养成珍惜时间、管理时间、科学利用时间的良好习惯,为步入职场做好准备。

二、活动内容

由任课教师及校外专家组成教官团队,通过初始热身阶段、自我分析与探索阶段、时间管理技巧训练阶段、结束告别阶段等环节对学生开展训练,从而使他们正确认识时间观念,学会管理和把握时间,最大限度地利用自己所拥有的时间,形成有效的时间管理能力。

学生参与训练营后根据自己的理解与感受,写一份训练心得,主要从自身关于时间管理方面的实际情况及收获方面书写。

三、活动流程

第一环节:初始热身阶段。通过有氧训练,学生快速进入训练状态,在运动中了解本次训练的内容。

第二环节:自我分析与探索阶段。通过"透过心窗看自己"的拓展训练活动,学生了解自己管理时间的现状,认识到自己日常的时间安排是否合理。

第三环节:时间管理技巧训练阶段。经过上一环节的训练之后,学生大多意识到自己在时间管理方面存在着不足。这一环节通过若干拓展训练游戏对学生所缺乏的、未来职业生涯所必备的时间管理技巧进行训练,使学生养成正确的时间观,并掌握科学的时间管理方法。

第四环节:结束告别阶段。选出若干学生进行感悟分享,以检验本次活动所取得的收获。

★ **活动材料参考**

训练记录

要事第一　管理时间

训练时间:2019年11月4日

地点:体育场

1. 整队集合(5分钟)

以班级为单位整队集合,清点出勤人数,简要提出要求,带到教官指定的地点集中。全班整队,报告出勤情况。本次训练应到40人,实到39人,一人病假。教官根据当天出勤情况进行简要点评或提出新的要求。

2. 有氧训练(15分钟)

有氧训练以班级为单位进行。围着学校操场的四百米跑道,慢跑1 200米并快速行走400米。

3. 自我分析(15分钟)

(1)过程。

①每人一张大小相同的纸条。

②教官说明游戏规则:纸条代表时间,假如这是24小时,自己是如何度过的?把用去的时间一一撕下,并标注撕下的纸片(睡觉、吃饭、看电视、玩游戏、上网、聊天、发呆等分别用的时间)。

(2)学生感受。

①撕完以后,手里剩下的时间?看看有多少时间用来学习和工作?比比谁的最多?

②最多的时间花在哪方面?效率如何?

③撕纸条时的感受如何?大家需要解决哪方面问题?

④找找你身边有哪些"偷走时间"的因素?如有亲戚来访,朋友、同学间的闲谈,在决定先完成什么工作时用了很长时间。

4. 技巧训练(50分钟)

(1)活动一:倒计时。

①每人一张A4白纸。

②主持人做指导语。

假如你的生命只剩50年,你想做些什么事?一分钟在你的纸上写出来。

假如你的生命只剩10年,你还想做些什么事?一分钟在你的纸上写出来。

假如你的生命只剩1年,你还想做些什么事?一分钟在你的纸上写出来。

假如你的生命只剩1个月,你还想做些什么事?一分钟在你的纸上写出来。

假如你的生命只剩1天,你还想做些什么事?一分钟在你的纸上写出来。

③交流,写了哪些事,为什么要做这些,还有哪些没写的却想做的?

a.讲述自己最有意义、最难忘的事情,它对你有什么影响?找出主导你人生的事物,让你满足的事情。

b.你是否已经将你的意愿付诸实践了?

c.人生不可复制,自我发展也不可逆转,每个人都应认真审视自我,并为自我发展留下空间。

(2)活动二:时间优化矩阵。

①准备一个饮料瓶子,些许沙子、水、小石头。

②分成三小组:一组要求先放水再放沙子再放石头;一组要求先放沙子再放水再放石头;一组要求先放石头再放沙子再放水。

③三个小组相互交流。

④提出时间优化矩阵。

⑤交流感想。

	紧急	不紧急
重要	A	B
不重要	C	D

a.比较各组所用时间,讨论时间上是否存在差异;如果存在,是什么原因造成的?

b.这个游戏带给你怎样的感受。

c.你将怎样把游戏中学习到的运用到以后的生活中?

(3)活动三:二八黄金法则。

①主持人讲事例。

穆尔于1939年大学毕业后,在哥利登油漆公司找到业务员的工作。当时的月薪是160美元,但满怀雄心壮志的他仍拟定了一个月薪1 000美元的目标。当穆尔逐渐对工作感到得心应手后,他立即拿出客户资料和销售图表,以确认大部分的业绩来自哪些客户。他发现,80%的业绩都来自20%的客户,同时,不管客户的购买量大小,他花在每个客户身上的时间都是一样的。于是,穆尔的下一步就是将其中购买量最小的36个客户退回公司,然后全力服务其余20%的客户。结果第一年,他就实现了月薪1 000美元的目标,第二年便轻易地超越了这个目标,而成为美国西海岸数一数二的油漆制造商。最后还成为凯利穆尔油漆公司的董事长。这个故事除了告诉我们树立正确的目标的重要性,还体现了二八黄金法则:总结果的80%是由总消耗时间中的20%所形成的。按事情的重要程度编排行事优先次序的准则是建立在"重要的少数与琐碎的多数"的原理的基础上。即80%的销售额是源自20%的顾客;80%的电话是来自20%的朋友;80%的总产量来自20%的产品;80%的财富集中在20%的人手中……这对我们的一个重要启示便是:避免将时间花在琐碎的多数问题上,因为就算你花了80%的时间,你也只能取得20%的成效。所以,你应该将时间花在重要的少数问题上,因为掌握了这些重要的少数问题,你只需花20%的时间,即可取得80%的成效。

②交流体会。

a.确定自己的最佳效率时间。

b.别人如何浪费我的时间?未来有没有方法减少或排除其发生?如果有的话,是什么方法?

c.自己有没有浪费别人的时间?

d.我做的哪些事对我的目标很重要?

e.哪些活动我现在可以减少、不予考虑或交给别人做?

f.我是否花费时间追求那些对我很重要的事?如果没有,原因何在?如果有,是哪些事?

(4)活动四:时间管理拼图。

①准备纸笔。

②把下个星期自己要做的事情罗列出来,想到什么就写什么,尽量把需要做的事情具体地罗列出来。

③分享,并引入"时间优化矩阵",再安排分配时间,看大家的安排是否有所改变?

a.你知道你下周要做什么吗?(事情的计划性)

b.你的时间安排为什么会改变?

c.你从中悟到了什么?(合理安排时间)

5.结束告别(5分钟)

班长将队伍带到指定地点,学生感悟研讨要事第一和时间管理等习惯:

(1)我对时间管理有哪些新的体会和感悟?

(2)通过时间管理的训练,我意识到我亟待加强的素质有哪些?

(3)我要通过哪些行动将时间管理的思想理念训练成为自己的行为习惯?

思考与练习

◎参加时间管理训练营,撰写训练心得。

活动二：企业家讲堂——职业素养

大学生要想了解在职业生涯中需要掌握哪些职业素养，最直接的方法就是请教企业家。他们能够从自身独特的视角向大学生明确提出需要员工具备哪些职业素养，从而使其提升职业素养更加有针对性，少走弯路。

一、活动目的

当前部分大学生缺乏足够的职业素养，不了解用人单位需要具备何种职业素养的人才，找不到提升职业素养的切入点。为了使大学生更好地形成符合职场需要并兼顾社会利益的职业素养，有必要通过举办职业素养企业家讲座建立起学生和用人单位相互了解沟通的平台。通过和企业家沟通，学生能够对自身的职业素养掌握情况形成更加全面的认识，有助于了解职场和用人单位真正需要的职业素养，从企业的视角探寻提升自己职业素养的渠道和思路，从而增强自身的综合素质和就业竞争力。

二、活动内容

邀请校企合作企业和社会各行各业优秀的企业创始人、企业家开展讲座，从职业素养的内容及重要性、企业所看重的职业素养、如何养成职场人所需的职业素养等方面为学生提供系统深入的职业素养教育和有针对性的指导。

学生根据自己的理解和感受，写一份活动感悟，主要从对职业素养的理解方面进行书写。

三、活动流程

第一环节：开场，介绍主讲人。讲座前提前通知学生讲座内容。

第二环节：主讲人从职业素养的内容及重要性、企业所看重的职业素养、如何养成职场人所需的职业素养等方面进行系统深入的职业素养教育，为亟须提升职业素养的学生提供有效的指导。讲解时间1小时。

第三环节：答疑。学生根据讲座内容进行提问，主讲人回答。

【学生心得】

职业素养是大学生毕业后作为劳动者对社会职业了解与适应能力的一种综合体现，主要表现在职业兴趣、职业能力、职业个性、职业情况、职业态度等方面。

在报考志愿前，经过我和家人的深思熟虑，最终选择了会计这门专业。这是我的兴趣所在，也是我将来很大可能要踏上的工作岗位。在大学期间我会努力学习相关的文化理论知识，熟悉会计的基本职业能力，掌握会计应用理论及实务技能。同时，还要具备经济学、管理学、财务管理、国际金融与贸易等一系列与会计相关的综合知识，并掌握充足的法律知识。现代企业对企业文化的建设越来越重视，企业文化不仅代表了企业的精神风貌，更是一个企业的灵魂所在。因此，用人单位在录用大学生时，除了要求其具备专业的知识结构外，更注重大学生诚实守信的品德、敬业奉献的精神以及创新能力、团队合作能力、社会交往能力等非智力因素。作为会计人员，我们不仅肩负着为政府机关、企业管理层、金融机构等提供符合质量要求的会计信息，还要为投资者、债权人及社会公众提供真实的会计信息。从自身出发，我认为我还需要如下职业素质的提升。

一、优良的思想道德品质

优良的思想道德是从事任何职业所必备的素质，在一定程度上决定着一个人的职业能力和发展空间。

首先，要培养责任感和奉献精神，为形成良好的职业道德打基础。企业在招聘时把具有事业心和责任感作为招聘的首要条件。企业需要的是有强烈责任感的人，要求毕业生能踏踏实实工作。

其次，要自强自律。要培养较好的心理素质，面对挫折要有较强的承受力，在困难面前不低头，培养自强自立的坚强性格。

最后，要讲诚信。诚实守信是不可缺少的道德规范，是如何做人、如何做事、如何与人共处的道德规范。而这一点对会计人员尤为重要，诚信不仅是对他人的承诺，也是对个人基本道德观素质的考验。

我们要在日常的学习和生活中，培养和树立良好的职业道德观，从而适应现代社会对人才的需求。

二、团队合作意识

当今社会，企业分工愈发明确，任何人都不可能独立完成所有的工作。因此，团队精神日益成为企业的一个重要文化因素。很多企业认为，员工的团队合作精神是所有技能中最为重要的一种，而且大多数企业把团队合作作为一种重要的企业文化在培养。这要求未来步入职场的我们要具有良好的组织管理能力，能处理好人际关系，进而加强团队成员之间的团结，营造轻松的工作环境，提高工作效率，实现团队的整体效应。

所以，我们在大学期间要积极参加各类活动，与更多的人接触沟通，不断提高个人的修养和素质，从而增强团队的整体力量。

三、竞争意识和创新精神

合作精神固然重要，竞争与创新也不可少。如今，经济建设、科技发展都要求人们具备良好的创新精神，敢于冲破传统的、旧的观念，提出新见解，不断开拓新的领域。

竞争意识和创新精神是现代职场不可缺少的素质。在竞争激烈的现代社会，树立竞争意识，培养健康的竞争心理和耐挫心理对我们来说非常重要。

我们在大学期间，要自觉主动地投入到日常的教学活动中，充分发挥主观能动性，利用各种实践活动来检验自己的专业知识和创造能力，提高分析能力、应变能力和解决实际问题的综合能力,不断增强创新意识,激发创新欲望,提高创新能力。

作为一名大二的学生,我现在只有努力将文化课、专业课学好,积极参与各种实践活动,提高自己各方面的素质能力,才能在不久的将来为自己赢得更多的职场机会。

思考与练习

◎参加企业家讲堂,结合本章内容,撰写关于自身职业素养的感悟。

第四章
Chapter 4

职业能力的全方位探索

【学习目标】

通过对本章内容的学习,大学生可以了解具体的职业要求,分析已确定的职业和该职业需要的专业技能、通用技能,以及对个人素质的要求,并学会通过各种途径来有效提高这些技能,以胜任未来的工作。

【案例】

大学毕业生小李通过公开考试被聘到北海社区担任劳动保障协理员。上任时,他经常加班,可工作效率却一直无法提高。经过领导的指导和自己的认真思考,他终于找到了症结所在——对社区内劳动力资源、企业劳动保障信息和企业退休人员情况掌握不够准确,信息收集和整理不到位。于是他下决心努力学习信息管理知识,边学边在社会内开展全面的信息采集。他绘制了社区居民居住平面图,发动社区工作人员一起准备入户调查资料,进行入户调查。

这天,小李首先来到社区的王师傅家,开始询问有关情况。王师傅说:"我今年65岁了,从咱旁边的钢铁厂退休的。有一个儿子40岁,办理了《再就业优惠证》,在社会服务中心当保安。儿媳妇在钢铁厂的劳资处工作。"小李一边询问一边做记录,很快就把王师傅家的情况弄清楚了。这时,王师傅的儿媳妇下班回来,小李灵机一动,正好可以通过她采集钢铁厂从业人员的劳动保障信息。于是小李和她约好了时间。从王师傅家出来,小李又不辞辛苦地到社区另一边的李师傅家,李师傅也是钢铁厂退休的,是一名孤寡退休人员。小李询问完其基本情况后,李师傅提出想找个人照顾他的生活起居或者找个人养老的场所,于是小李让李师傅填写了调查表。小李回到社区,马上投入工作,做了三件事:一是熟悉采集规模以下企业从业人员劳动保障信息指标的口径范围,准备钢铁厂信息采集的资料;二是登记王师傅儿子的劳动力信息;三是登记王师傅和李师傅的信息,并把他们编入了一个自我管理和互助服务小组。

这样的调查经过了一周,小李觉得调查速度太慢,这些信息收集起来太烦琐。于是他想到通过线上线下相结合、登门与电话相结合的办法开展采集工作。一个月后,信息采集顺利结束,小李根据有关情况填写了台账。在这份台账的帮助下,小李的工作效率大大提升。

由此不难看出,大学生提前了解职场所必需的职业能力,并且有意识地培养这方面的能力,对于其未来更快更好地进入职业状态、完成角色转变很有必要。

第一节 善于沟通是驾驭职场的重要前提

与人交谈一次,往往比多年闭门劳作更能启发心智。思想必定是在与人交往中产生,而在孤独中进行加工和表达。

——列夫·托尔斯泰

在诸多非专业能力当中,口头、文字沟通表达能力是最基本的,也是最易被个体所忽视的。是否具备上述能力,在某种程度上决定个体能力的发展前景,也是用人单位考查求职者的重要标准。

一、人际沟通的重要价值

沟通是人们分享信息、思想和情感的过程。这个过程不仅包括口头语言和书面语言,也包括形体语言、个人的习惯和方式、物质环境等赋予信息含义的任何东西。

社会本身就是一个大集体,人只是组成这个集体的一个元素,每个元素之间通过相互组合才能形成统一的"形状"。这个统一的"形状"是一个抽象而富有感情的组合,我们称之为集体或团队。若要维系团队中的感情,增强团队凝聚力,就离不开人际沟通。对于大学生的就业问题来说,沟通表达则是"敲开企业大门的第一块砖":向用人单位递上一份简历,表现的是文字表达能力;参加面试,展示的就是口头表达能力。因此,学会沟通对于我们大学生走向职场来说举足轻重。

【故事一】

美国一位知名的主持人有一天访问一名小朋友,问他说:"你长大后想要当什么呀?"小朋友天真地回答:"嗯……我要当飞机驾驶员!"主持人接着问:"如果有一天,你的飞机飞到太平洋上空所有引擎都熄火了,你会怎么办?"小朋友想了想:"我会先告诉坐在飞机上的人绑好安全带,然后我挂上我的降落伞跳出去。"现场的观众笑得东倒西歪,主持人继续注视着这孩子,想看他是不是自作聪明的家伙。没想到,接着孩子的两行热泪夺眶而出,主持人这才发觉孩子的悲悯之情远非笔墨所能形容,于是问孩子:"为什么要这么做?"孩子真挚地说:"我要去拿燃料,我还要回来!"

启示:当你听别人说话时,你真的听懂他说的意思吗?如果不懂,就请听别人说完吧,这就是"听的艺术":听话不要听一半;不要把自己的意思投射到别人所说的话上。

【故事二】

有一个秀才去买柴,他对卖柴的人说:"荷薪者过来!"卖柴的人不懂"荷薪者"(担柴的人)三个字,但是听得懂"过来"两个字,于是把柴担到秀才前面。秀才问他:"其价如何?"卖柴的人听不太懂这句话,但是听得懂"价"这个字,于是就告诉秀才价钱。秀才接着说:"外实而内虚,烟多而焰少,请损之(你的木材外表是干的,里头却是湿的,燃烧起来会浓烟多而火焰小,请减些价钱吧)。"卖柴的人听不懂秀才的话,于是担着柴就走了。

启示:我们平时与别人沟通,最好用简单易懂的词语来传达信息,而且对于说话的对象、时机要有所掌握,有时过分的修饰反而达不到想要的目的。

【课堂活动】

(一)我与家人的沟通

家人的姓名	他(她)与我的关系	我是否有他(她)的联系方式	我和他(她)主要通过什么方式联系	我多久和他(她)联系一次

(二)我与朋友的沟通

朋友的姓名	我与他(她)认识多久	我与他(她)是如何认识的	我和他(她)主要通过什么方式联系	我多久和他(她)联系一次

(三) 反思自我

对我和家人、朋友之间沟通联系的情况进行分析，我认为自己和他们之间沟通_____（较多/较少），沟通的方式集中在_____（线上/线下）。总的来看，我与他们之间的沟通存在着以下问题：_____。

对此，我应该：

_____
_____
_____
_____
_____

二、有效沟通的四大技能

（一）学会倾听

"听"是指听力，是对通过"听"这个行为所获得的听觉刺激进行有意识地处理，从而在交流过程中准确接收和解读信息的能力。听力是人类第一语言技能，即使是尚未学会说话的小孩很多时候也能通过听明白大人的意图。听得多了，便开始模仿，学着说话。因此，从人类语言学习的自然过程来看，听力是人类获得语言信息的一种途径。

不仅如此，听力还是人们沟通交流的基础，在这个层面，听力的表现形式为倾听。在人与人之间的沟通过程中，花费时间最多的是听别人说话，即倾听。据统计，人们在工作中有四分之三的时间花在语言沟通上，其中有一半以上的时间是用来倾听的。倾听不仅在于听见别人说的话，更重要的是听懂、理解别人说的话。绝大多数人天生就有听力（听得见声音的能力），但听得懂别人说话的能力，则是需要后天学习才能具备。倾听既满足了自我表达与他人沟通的需要，也让说话者感受到了被尊重和被认可。当内心的感受得到别人明确的回应后，我们会心生宽慰。倾听不仅巩固了人与人之间的联系，也让我们有时间理清自己的想法，并发现自己内心的感受。

倾听的重要性还体现在塑造性格方面。生活中，我们习惯通过与他人的对话来定义、维系自我。当我们说的话被接受时，就会成为"社会自我"的一部分，从而不断强化"社会自我"的影响。而当我们说的话不被接受时，这部分就会成为"个人自我"，也就是你想要隐藏、不愿与别人分享的自我。倾听其实也是一种见证，因为倾听的目的一般有两个：一是吸收信息，二是见证他人的经验。

此外，倾听还可以拉近人与人之间的距离。沟通是一个双向交换的过程，当我们分享的生活经历被倾听，甚至找到共鸣时，不仅可以让我们找到自己的价值，还能拉近与听话者的距离。被倾听和被理解，能让我们获得精神上的鼓励和勇往直前的能量。

(二)善于表达

"说"在沟通层面是指口头表达,即用口头语言来表达说话者的思想、情感,以便于与人交流的一种能力。相比文字、肢体语言等交流沟通方式,口头表达在人际交流中的作用更加直接、广泛。在现代社会,人们之间的交往日益频繁,语言表达能力的重要性也日益增强,好口才越来越被认为是现代人所应具有的能力。

口头表达的方式主要包括即兴表达、凭记忆表达、有准备的脱稿表达和照稿宣读等四种。

1. 即兴表达

即兴表达是未经事先准备,在发言过程中受到某些事物的刺激或在谈话时经过联想而即兴发挥出来的,这种表达是临时性的。即兴表达首先要注意观察周围事物的变化,在认真听取别人发言的基础上取其精华,展开思想,从而使自己有言可发;其次要思维敏捷,善于逻辑归纳综合,通过别人的发言,迅速形成自己思想脉络的提纲,做到虽无准备,但谈吐有条理;最后,要有广博的知识储备,以便占据丰富的材料,尽量做到旁征博引、举一反三、语言生动。

2. 凭记忆表达

凭记忆表达是指事先对文字、图像等材料进行记忆,并用语言对其背诵、复述。凭记忆表达的关键在于掌握恰当的记忆方法,并花费一定的精力在用脑记忆上面。这种表达方式的优点在于相比即兴表达,可以做到有计划、有预设内容。不足之处是在表达的过程中往往担心讲错、遗忘、停顿等问题。

3. 有准备的脱稿表达

有准备的脱稿表达不必写出稿子,而是事先列出一份关于要表达内容的提纲,以提纲为基础框架进行表达。提纲主要包括论点、事例和必要的数字,不受书面词句的限制,可避免因记忆错误使演讲出现卡壳。在主要论点表达上,可较自由地发挥,讲起来也会生动、形象。这种表达要准备认真,思维和反应要快,提纲要字迹清楚,能一目了然,要按页排好,切勿遗失。

4. 照稿宣读

照稿宣读一般适用于重大的会议或技术性较强的会议。照稿宣读并不意味着一成不变的机械式地朗读,而是把主体与客体在时间与空间紧密结合,讲、听直接见面,随时观察听者的反应,灵活调整内容,调整气氛。如果是对话、讨论、谈话、辩论,则可直接听到对方的意见,有针对性地回答。这就要求表达者好学不厌,吸取广博的知识,在表达时思路清晰,旁征博引,妙趣横生,形成自己的风格。

(三)精通阅读

在日常沟通中,除了口头语言的表达聆听以外,书面语言同样是重要的沟通载体。而阅读能力则是进行书面沟通的关键因素。在工作和生活中,需要人们阅读的资料多种多样,无论是公司的通知、公告,合作公司的邮件,行业报告,产品介绍的文案、PPT,专业性质的文章、书籍,还是生活中小到物业的停水停电通知,大到购房购车合同、法律文件等,都需要人们进行快速阅读,并准确获取所需的信息。

阅读能力主要包括认读能力、理解能力、评价欣赏能力、迁移应用能力,它们呈现一种递进的阶段性,前后关联,互为补充,形成一个完整的阅读能力纵向系列。

1. 认读能力

认读能力是对书面语言的感知能力,具体是指认知字形、认读字音、了解字义,初步获得文字语句表层意义的能力。这是阅读过程中最基本的能力,也是整个阅读过程的基础。顺利进行认读的心理特征主要有两项:一是视读的广度,指视知觉范围的大小,中学生的视读广度是以词、短语和句子为单位,大学生则能以段落为单位。准确认读表现在对一些音形义混淆、容易读错、容易写错的字以及对同义词、反义词的辨析。准确认读还表现在认读时不错字、不减字、不增字、不重字、不倒字。读得正确,不仅能锻炼语言的感知能力,而且能促进对语言的理解和记忆。它以敏锐的语感能力为核心,要求认读速度快、广度大,感知选择性强、准确性高。

一般来说,不发声的默读由于省掉了发声器官的发音过程、听觉分析器的分析过程,直接经过视觉分析器将文字信息传给大脑,所以较之诵读速度快。更重要的是,读者的知识水平越高,就越能快速有效地辨识字词篇章所表达的概念、意旨,认读速度也就越快。汉语表达的特征具有很强的"板块"性状,在中心意义的统摄下,流水一样发展。这就要求在快速阅读过程中加大视觉范围和认读广度,尽可能多地抓住词句间的内在联系,从而准确把握板块单元的意旨。

2. 理解能力

理解能力是阅读能力结构中最核心的因素。阅读中的理解是对文章中词句、段落、篇章、写作方法及所表达的思想内容的理解。整个理解过程是按照从语言形式到内容的理解、从部分到对整体的理解,然后在这个基础上加深对语言形式和部分内容的理解这样的规律来完成的。在这个循环往复的过程中,从词句入手,经过判断与推理、分析与综合、抽象与概括的思维活动,达到对文章中心思想的理解,这才算读懂了一篇文章。这是在认读感知的基础上对词句所做的解释和对作品从内容到形式所做的分解及剖析。要能够理解词句的含义,尤其要善于抓住关键词句,前后关照,统摄整体,注重由表及里、由浅入深、由分散到关联的思考途径;要分析作者的思路层次,分析材料和中心、材料和材料的关系,分析材料使用的详略、先后,分析表达方式和表现方法,从整体感知入手到局部体会,进而归纳整合,形成新的整体感知,实现螺旋式上升的理解分析效果。

3. 评价欣赏能力

评价欣赏能力是指对文章的美的感知、体验和评价能力,包括从文章的思想内容到表现形式、语言文字,乃至风格特点的评价和欣赏。我们大学生在生理、心理上都接近成熟,开始初步形成某些人生价值观念,特别明显的是思维的独立性和批判性增强,阅读的稳定性有了明显发展,已经具有相当的评价欣赏能力,能够对阅读材料从思想内容到表现形式,乃至语言风格进行判断辨析和鉴赏。但在思维和理解上具有一定的片面性,在评价欣赏作品时也往往会反映出来,这就要求我们必须在培养评价欣赏能力方面多下功夫。

这种能力既是以原有的知识和能力为基础,又是知识和能力水平进一步提高的具体表现。它既要对现有作品做实事求是的分析,更要通过新旧体验的联系,同其他作品进行比较、对照。它必须以正确的思想观点和健康的审美情趣作为标准,并且在阅读实践中不断提升标准的层次,从而不断提高评价欣赏的水平。

4. 迁移应用能力

迁移应用能力是最高层次的阅读能力。它是指个体经过大量阅读后,将储存起来的知识在新的阅读过程中加以灵活使用,以获得新知识的能力。迁移应用能力的最大特点是由此及彼,举一反三,获得新知识、想象和创造能力。阅读是个体的主动的心智活动,它从来都不只是对文本意义的重建,还非常突出地表现为根据个体的经历、体验、知识、性格、思想在阅读中进行丰富想象和创造;或是根据作品的语言信息在头脑中形成一种形象的表征,产生一种如临其境的感觉;或是在作品语言信息的引导下,根据个体经验,延伸想象的时间、空间,强化、丰富现实的体验、感受;或是由文本出发,产生对自己的一种观照、思考,对社会其他事物的比照思考,使阅读成为一种超越文本意义的构建。一般来说,随着知识水平和生活实践逐渐增加,我们的抽象思维也达到较高的水平,创造性想象力逐渐丰富起来。表现在阅读上,就是掌握了精读、速读、浏览的方法,以及摘录、笔记、摘要、制作卡片、查阅工具书和有关资料等方法;阅读更具有独立性和研究性,阅读技能达到了相当水平。

阅读过程中的四种能力虽然相对独立,但呈螺旋并进的态势。认读中有理解,理解中有评价,欣赏又是理解的深化,迁移则是在深刻理解基础上的发展。这些都取决于我们思维发展的阶段性。

(四)勤于写作

写作能力是书面沟通的核心能力,也是职场人必备的重要能力。具体来说就是文字运用的水平和能力,是指运用语言文字阐明自己的观点、意见或抒发思想、感情,将自己的实践经验和决策思想,运用文字表达方式,使其系统化、科学化、条理化的一种能力。在信息社会,写作能力的表现形式除了传统的在纸质介质上书写文字以外,还包括运用计算机等数字载体对文字进行编辑。职场中常用的写作体裁如下:

1. 书信

书信是人们生活、学习和工作中用得最广泛的一种形式,可分为一般书信和专用书信两种。

一般书信是个人与同事、亲友之间联系或交换意见时使用的一种文体。它应用广泛,表达方式灵活,有固定的格式,针对性强,可以畅所欲言。一般书信由称呼、正文、结尾、署名、日期五个部分构成。

专用书信是单位与单位之间或个人与单位之间进行工作联系或为了完成某项任务的书信,如慰问信、感谢信、贺信等。它具有一般书信的格式,但没有一般书信自由灵活。

【范例】

××市××贸易有限公司:

贵公司20××年×月×日函收悉。函中所诉20××年×月×日《购买电脑桌合同》中,所收的35套黄花牌电脑桌部分出现接口破裂一事,深表歉意,此事已引起我方高度重视,现已就此事进行调查。

经有关部门查实:我厂生产的×××型黄花牌电脑桌,出厂时,经质检部门检验全部为优质产品。函中所提的部分电脑桌出现接口破裂,是我方工人在出仓时搬运不慎造成的。

对贵公司的损失,我公司再次深表歉意,并请贵公司尽快提供电脑桌受损程度的公证人证明和检验证明书,我公司将以最快的速度按实际损失给予无条件赔偿。

对此,我们将引以为戒,查找工作中存在的问题和不足,制订改正措施杜绝此类事件的发生。希望能够得到贵公司谅解,继续保持良好的贸易往来关系。

候复!

××市××家具有限公司
20××年×月×日

2. 计划

计划是把工作的目的、意义、安排用书面形式写下来,对工作、生产、学习起组织指导作用,以减少盲目性,提高工作效率。计划的种类很多,按性质分,有学习、生产、工作计划;按范围分,有企业、某项事业、个人计划;按时限分,有年度、季度、月、周计划等。

计划没有固定的格式,一般分以下几部分:(1)标题,即计划的名称(如计划还不成熟或未经讨论通过,可注明"初稿""草案")。(2)内容,即计划的正文,一般包括情况分析、目的、任务、措施、步骤以及完成的期限等。计划正文要分条分项地写清楚。(3)落款,计划的日期、时间和单位名称写在正文的右下方。

3. 报告

报告是下级机关向上级机关汇报工作、反映情况、请求指示和批准的一种公文,根据报告的内容和目的,可以分为工作报告、情况报告、调查报告、请示报告等。报告的结构一般分标题、正文、署名三个部分。标题一般由作者(发文机关名称)、事由(报告的主要内容)和公文名称(报告的种类)三部分组成。报告的主体正文分为开头,反映情况,陈述理由,提出意见、建议或请示几部分。署名是报告的落款,由报告人、发文年月日、印章三部分组成。

【范例】

关于王××申请硕士学位的报告

尊敬的校学位评定委员会：

  本人自2017年9月就读于我校体育训练专业，于2020年修读完所有课程。

  就读期间，本人在思想政治素养等方面严格要求自己，并且获得了党组织的认可，成为一名中国共产党党员。在学术操守方面，本人谨遵导师及校院领导教诲，刻苦钻研，坚持走自主创新路线。在校期间，在省一级期刊发表学术论文一篇。

  本人在导师的指导下，积极参与各项教学科研活动，并参与导师多项课题的研究，自己的理论知识和实践水平得到了进一步提高，顺利完成了硕士毕业论文。

  本人在就读期间所有修读课程的成绩均合格。在导师的指导下，如期完成学位论文的写作，并且通过论文答辩。

  本人已完成学位授予要求，现提出申请体育硕士学位。

硕士学位申请人：王××
2020年6月30日

4. 总结

  总结是企业或个人对前一个时期的工作或学习进行分析，总结经验和教训，找出规律性的内容，以指导今后工作。总结的种类较多：按性质分，有工作总结、学习总结、思想总结、生产总结；按范围分，有个人总结、集体总结；按时间分，有年度、季度、月份总结等。写总结没有固定的格式，要根据总结的目的类型、使用场合来决定。一般的总结有标题、正文、署名和日期三部分，署名和日期写在正文的右下方，总结的语言要求准确、简明、严谨。

三、有效沟通的注意事项

  观察研究人们的沟通过程可以发现，人们在沟通中普遍存在的问题有过早地评价、直接跳到结论、注意力分散、思维简单、想当然、只选择自己想听的内容、思想僵化、偏见等。为提升沟通的效率，我们必须要明确"5W1H"六大要素。

（一）WHY——目的

  在与他人进行沟通之前，首先要明确本次沟通意在达成何种目的。具体而言，包括以下要点：

- 我为什么要交流？
- 我讲话的动机是什么？
- 我的目的是什么？

  沟通的目的包括以下几种：告知对方、说服对方、影响对方、教育对方、慰问对方、进行娱乐、劝导对方、解释某件事、刺激对方、启发对方。只有明确沟通的目的,才能提升沟通效率,避免思维混乱。

(二)WHO——对方是谁

对沟通对象的了解程度也影响着沟通的效率。一个高效的沟通者必须要对对方的性格、习惯、需求、爱好等方面了解清楚。因此,在沟通之前,应该在以下方面做好功课:

- 谁是听众?
- 他们是哪类人?个性?受教育水平?年龄?地位?
- 他们对我的信息反应可能如何?
- 他们对我的信息主题已经了解多少?

只有充分了解沟通对象的基本情况,才能避免在沟通过程中产生误会、遭遇尴尬,保证沟通的顺利进行。

(三)WHEN and WHERE——何时何地

在沟通的过程中,因地制宜、因时制宜同样是确保沟通效率的关键。明确自己在何时何地与别人进行沟通,有助于选择适宜的沟通方式。

(四)WHAT——主题

主题是沟通的核心所在。在沟通之前,除了要注意以上客观条件,最重要的就是要明确沟通的主题内容。

在思考沟通的主题时,要明确以下三点:

- 我到底要谈什么?
- 他们了解什么?
- 哪些信息必须省略或必须采用?

(五)HOW——怎样表达

在沟通过程中,沟通的形式、语气、风格等也影响着沟通的效率。针对不同的沟通内容、目的、对象,必须采取不同的方式。具体来说,要注意以下几点:

- 如何传递信息?

传递信息的方式包括文字、图解、口头、电话、书面报告、肢体语言等。

- 采用何种语气?

常见的沟通语气有命令式、请求式、陈述式等。

四、有效沟通的法则

在沟通过程中,有时明明已经做好了上述准备工作,但沟通的结果仍不理想。其原因在于沟通的过程中没有遵循一定的法则,在一些方面没有引起足够重视。在沟通的过程中保持双方平等、和谐的关系有助于沟通的顺利进行。以下十条法则是维持沟通双方良好关系的必要因素。

- 对事对人皆以真诚地赞赏与感谢为前提
- 以委婉的方式指出他人的错误
- 先说自己错在哪里,然后再批评别人
- 说话要顾及他人的面子
- 对方稍有改进要给予赞赏
- 处理好与上司的关系
- 学会批评人
- 在被对方激怒时要冷静处理
- 不要和人争辩
- 学会尊重别人

五、有效沟通的训练方法

在对就业困难学生的调查中发现,性格内向、不善沟通是毕业生就业困难的主要原因之一。若要达到在求职过程中应对自如的沟通水平,需要从以下几点进行积极练习。

(一)沟通能力提升的要点

- 克服与他人对话时的恐惧心理
- 自信地表达出自己想要让对方了解的信息
- 主动把握住当众发言的机会进行训练
- 平时可将树木、物品等当作沟通对象进行练习
- 可以将自己练习的内容进行录音,练习结束后通过录音找出自己的问题

(二)自我介绍练习

在求职过程中,与面试官沟通的第一步在于自我介绍。精彩的自我介绍不仅有助于完整地展示个人信息,更能够让面试官建立起良好的第一印象。

(三)语音训练

在沟通过程中,交谈的语音反映出说话者的自信程度。充满自信的洪亮嗓音和缺乏自信的喃喃细语留给面试官的印象是截然不同的。我们可以尝试通过以下方法进行训练,提高语音穿透力:面对镜子,注视着镜子中的自己,想象这就是自己将要进行沟通的人,调整呼吸,放松心情,用比平时讲话音量大20%的声音大声朗读一段文字。

> **思考与练习**
>
> ◎沟通能力对一个人职业生涯的意义有哪些？
> ◎从自身角度出发，你在人际沟通方面有哪些不足？你将如何提升？

第二节　职场必备能力的全面提升

当下，快节奏的分工合作是现代人工作、生活的主旋律。无论在工作中还是学习中，若要做成一件事情，往往要经历若干个环节，经过若干人的密切配合。因此，是否具备良好的自律、思考、时间管控、团队合作、信息搜索整理等能力，是现代人能否融入社会、实现自身价值的重要指标。

一、自律能力

（一）自律的内涵

自律，指在没有人现场监督的情况下，通过自己要求自己，变被动为主动，自觉地遵循法度，用以约束自己的一言一行。

自律不是天生和自发的，而是后天在法律、政策和纪律等他律基础上约束而养成的。真正的自由都要受到一定的约束和限制，没有任何限制、约束的自由是不存在的。一个有自律能力和养成了自律习惯的人，不会感到道德、纪律、法律是对自己的束缚，而会自觉遵守。所以，自律是人们获得行动自由的必要条件。

（二）自律的意义

纪律和规则是我们平时工作、学习和生活中不可缺少的。比如买票要排队，走在马路上要遵守交通规则，甚至我们平时的一举一动都受到一定的要求和约束，否则任何事情都毫无秩序可言。作为在校的大学生，也有一些纪律和规则来要求我们，告诉我们该怎么做、不该怎么做。但是，如果我们总在一种被要求的环境下学习和生活是很难进步的，所以我们应该学会自己约束自己，自己要求自己，变被动为主动。毕达哥拉斯说："不能约束自己的人不能称他为自由的人。"我们的自律是用行动创造一种井然的秩序来为我们的学习生活争取更大的自由。

在个人品行方面，我们要提高自身素质，树立自尊、自爱、自强的自律意识，并且能够正确处理日常学习生活中的人际关系和矛盾冲突。在学习方面，要独立思考、独立解题、独立完成作业；自觉做好该做的事情，包括做好预习复习，上课专心听讲，自觉克服手机诱惑。在行为上，我们应该以道德准则和校规校纪来规范自己的言行举止，做到文明礼貌、爱护公物。自律不仅有益于我们的学习，也对我们今后的工作和生活有很大的影响。

(三)培养自律的训练方式

1. 安排做事的优先顺序,然后按这个顺序去做

完成重要任务有两项不可缺少的伙伴:一是计划,二是不太够用的时间。我们大学生的时间相当紧凑,所以免不了要做计划。如果能够找出何者最为重要,刻意从其他的事情中抽身出来,这会让我们有足够的精力去完成首要的任务。这正是自律的基本精神所在。

2. 把自律的生活方式当成目标

"自律的人未必优秀,但优秀的人一定自律。"向真正的成功人士学习,我们会发现自律不是偶尔为之,它必须成为我们的生活方式。培养自律最佳的方式是为自己制定明确的目标。

3. 向借口挑战

培养自律的生活方式,首要的功课之一就是破除找借口的倾向。如果我们有几个无法自律的理由,那么,要认清它们只不过是一堆借口罢了。如果想成为卓越的人,就必须向借口提出挑战。

4. 工作完成之前,先把奖励挪开

著名作家麦克·狄朗尼指出:"任何一个企业或机构,如果给予怠惰者和贡献者同等待遇,那么,你将会发现前者越来越多,后者越来越少。"如果缺乏自律,那么我们可能就是把甜点放在正餐之前享用的那种人。

【故事】

露营高手之家

一对老夫妇来到露营区扎营,两天之后,有一家人也到达隔壁的营地。当这家人的度假车一停稳妥当,就看见这对夫妇和三个孩子鱼贯而下,一个孩子迅速地搬下冰柜、背包和其他用品,另外两个孩子立即把帐篷支开,前后不到15分钟,整个营地便布置就绪。

老夫妇看得目瞪口呆。"你们这家人真是少见的露营高手呀!"老先生对新邻居称赞道。"其实做事情只要有条理就好办多了,"隔壁的年轻爸爸说:"我们事先规定,在营地架设完成之前,没有人可以去洗手间。"

二、思考能力

人们在工作、学习、生活中每逢遇到问题,总要"想一想",这种"想"就是思考。它是通过分析、综合、概括、抽象、比较、具体化和系统化等一系列过程,对感性材料进行加工并转化为理性认识及解决问题的。我们的学习活动以及未来步入社会的工作活动,都离不开思考,思考能力是学习能力的核心。

思考能力包括理解力、分析力、综合力、比较力、概括力、抽象力、推理力、论证力、判断力等。它参与、支配着一切智力活动。一个人聪明不聪明,有没有智慧,主要看他的思考能力强不强。要使自己聪明起来、智慧起来,最根本的办法就是培养思考能力,具体有以下方法:

1. 推陈出新训练法

当看到、听到或者接触到一件事情、一种事物时,应当尽可能赋予它们新的性质,运用新观点、新方法,反映出独创性,按照这个思路进行思维方法训练,往往能收到推陈出新的效果。

2. 聚合抽象训练法

把所有感知到的对象依据一定的标准"聚合"起来,显示出它们的共性和本质,能够增强我们的创造性思维活动。这个训练方法首先要对感知材料形成总体轮廓认识,从感觉上发现十分突出的特点;其次要从感觉到的共性问题中肢解分析,形成若干分析群,进而抽象出本质特征;再次,要对抽象出来的事物本质进行概括性描述;最后形成具有指导意义的理性成果。

3. 循序渐进训练法

这个训练法对我们的思维很有裨益,能增强我们的分析思维能力和预见能力,对某个设想进行严密的思考,在思维上借助于逻辑推理的形式,把结果推导出来。

4. 生疑提问训练法

生疑提问训练法是对事物或过去一直被人认为是正确的事物或某种固定的思考模式敢于或善于提出新观点和新建议,并能运用各种证据,证明新结论的正确性。一方面,每当观察到一个事物或现象时,无论是初次接触还是多次接触,都要问"为什么",并且养成习惯;另一方面,每当遇到问题时,尽可能地从不同角度、不同方向变换观察同一问题,以免被知觉假象所迷惑。

5. 集思广益训练法

集思广益训练法是在组织起来的团体中,大家彼此交流,集中众多人的集体智慧,广泛吸取有益意见,从而达到思维能力的提高。此法有利于研究成果的形成,具有潜在的培养我们的研究能力的作用。由于每个人观察问题的角度不同,研究方式、分析问题的水平不同,产生种种不同观点和解决问题的办法。通过比较、对照、切磋,我们会有意无意地学习到其他人思考问题的方法,从而使自己的思维能力得到潜移默化的改进。

三、时间管控能力

【案例】

一位职业经理人的全天工作计划

09:30—10:00　浏览 email,处理文件

10:00—11:30　与同事沟通

11:30—12:00　整理文件

12:00—13:00　午餐
13:00—15:00　文件处理
15:00—16:00　约见客户
16:00—16:30　预约明天客户
16:30—17:30　与相关的部门及人员沟通
17:30—夜晚　总结一天的工作,有时会有应酬

思考题

通过这位经理人的工作计划,你读出了什么?

时间管控能力是指通过事先规划和运用一定的技巧、方法与工具,实现对时间的灵活、有效运用,从而实现个人或组织的既定目标的一种能力。我们每一天的时间都是有限且宝贵的,能否合理安排自己的时间,决定着我们工作生活的效率和有序性。

我们都知道重要的事不做不行,但未必都有做计划的习惯;我们都知道后悔药是买不到的,但却很少有管理时间的习惯。如果一个人能够管理好自己的时间,那么在激烈的社会竞争中无疑具备了一定的优势。

【案例】

鹅卵石与瓶子

一位时间管理专家为商学院的学生讲课。他站在学生前面,说:"我们来个小测验。"于是拿出一个敞口瓶放在他面前的桌上。

随后,他取出一堆拳头大小的鹅卵石,仔细地一块块放进玻璃瓶里。直到石块高出瓶口,再也放不下了。他问道:"瓶子满了吗?"所有学生应道:"满了。"时间管理专家反问:"真的?"他伸手从桌下拿出一盒碎石子,倒了一些进去,并敲击玻璃瓶壁使碎石子填满下面石块的间隙。"现在瓶子满了吗?"他第二次问道。

这一次学生有些明白了。"可能还没有。"一个学生应道。"很好!"专家说。他伸手从桌下拿出一袋沙子,开始慢慢倒进玻璃瓶。沙子填满了石块和碎石子的所有间隙。他又一次问学生:"瓶子满了吗?""没满!"学生们大声说。"很好。"然后他拿来一壶水倒进玻璃瓶直到水面与瓶口持平。他抬头看着学生,问道:"这个例子说明什么?"

一个心急的学生举手发言:"它告诉我们:无论你的时间表多么紧凑,如果你确实努力,你可以做更多的事!""不!"时间管理专家说,"那不是它真正的意思。如果你不先放鹅卵石,那你就再也不能把它放进瓶子里了。"

什么是鹅卵石呢?是我们工作中必须做的事情?是我们爱好中想做、想玩的事情?是我们每天应接不暇的琐事?是和我们心爱的人长相厮守?是我们的理想、目标和渴望?是体现人生的自我价值?这些值得我们去认真思考。我们每天都有许多事情要做,

但一定记住:先做最重要的事!

【故事一】

磨刀不误砍柴工

有一个年轻人天天到森林里面去砍木材。别人在歇息的时候,他依旧非常勤奋地砍柴,非得到天亮,否则毫不罢休。可是来了半个多月,竟然没有一次能够赢过那些老前辈。为什么自己从不歇息还会输呢?年轻人百思不解。他下定决心明天要更卖力才行。结果隔天的效果反而比前几天还差。这时候,有一个老前辈叫这个年轻人过去喝茶。年轻人心想:效果那么差,哪来的时间休息啊?便大声回答:"感谢!没有时间!"

老前辈笑着摇头说:"傻小子!不断砍柴却从不磨刀。"老前辈在喝茶、聊天、歇息的同时,也在磨刀,所以很快就能够把树砍倒。老前辈拍拍年轻人的肩膀说道:"年轻人要努力!但是别忘记,要的是效率,不是有事情做就好。"

【故事二】

现代管理之父德鲁克谈时间管理

1. 始终坚持记录自己的时间耗用情况。这样能知道自己时间管理的不足。
2. 杜绝浪费时间的因素:根本不必做的事情;可由别人代为参加又不影响后果的活动;不自觉浪费别人和自己的时间。
3. 集中一段不被打扰的时间来做重要的事。
4. 精力集中在重要的事情上。
5. 一次只做好一件事。

四、团队合作能力

合作能力是指工作、事业中所需要的协作能力。其突出特点是指向工作和事业,这正是许多企业、组织重视员工的合作能力的原因之所在。

【案例一】

螃蟹效应

有人做过一个实验,把数十只螃蟹放在一个没盖的竹筐里十余个小时,结果没有一只螃蟹爬出来,为什么会出现这种现象呢?原来每当某只螃蟹沿着筐边往上爬时,总有一些螃蟹在下面扯它的后腿,结果自然是没有一只螃蟹可以爬得出来。

【案例二】

大火中的蚂蚁

在南美洲的草原上,蚂蚁却演绎出迥然不同的故事。酷热的天气,山坡上的草丛突然起火,无数蚂蚁被熊熊大火逼得节节后退,火的包围圈越来越小,渐渐地,蚂蚁似乎无路可走。然而就在这时,出人意料的事发生了:蚂蚁们迅速聚拢起来,紧紧地抱成一团,很快就滚成一个黑乎乎的大蚁球,蚁球滚动着冲向火海。尽管蚁球很快就被烧成了火球,在噼噼啪啪的响声中,一些居于火球外围的蚂蚁被烧死了,但更多的蚂蚁却绝处逢生。

在现代社会,人与人之间多一份融洽少一点隔阂尤为重要。要想实现与人和睦相处、积极合作,我们必须克服嫉贤妒能的狭隘心态。一个始终想着自己得失的人,一个总是对别人心存戒备的人,一个狂妄自大的人,是体会不到合作的愉快的。在未来职场上,我们要努力学习蚂蚁"抱成团"的精神,切忌螃蟹"拖后腿"的现象。

五、信息搜索整理能力

信息搜索整理能力是指从复杂的信息资源中过滤、筛选出有用信息,并对其进行整合、归纳的能力。信息时代,人们在工作、学习、生活中接触并处理的信息量高速增长,信息的种类和来源多样,信息的更新速度日益加快。因此,提高信息搜索整理能力尤为重要。

(一)信息搜索整理三阶段

1. 搜索

"找信息"——用各种搜索渠道快速找到所需的精准信息。

2. 集成

"存信息"——简单来说,就是把找到的信息定制成为个人资料库,按照自定义的主题,分类存储在自己方便访问的地方。

3. 整理

"理信息"——信息单纯集成而不加整理,时间长了就会杂乱不堪。定期对所收集的信息进行整理(归类,去重,留精,加可供搜索的标签等),能够显著提升信息搜索效率。

(二)提升信息搜索整理能力的方法

1. 学会使用各种互联网搜索工具

在信息时代,人们获取信息的渠道除了传统的纸质资料、广播电视之外,还有互联网。互联网的蓬勃发展极大提升了人们获取信息的效率,也对人们应用互联网的能力提出了一定的要求。此外,不同的搜索工具使用方法不尽相同,若要确保信息获取的广度,就必须熟练掌握不同的使用方法。

2. 丢掉已经消化的信息

信息处理的精髓在于,分析并整理搜索到的信息之后,将原始资料全部丢掉。这种方式有两大优势:一是通过丢弃已经消化的信息,我们便可以清空大脑,从而更加集中精力思考等待处理的信息。二是将"理解信息之后马上丢弃"作为原则,不理解的部分就相应地变得非常明确。信息不是用来积攒的,而是用来活用的。比起再一次搜索同样的信息,大量信息持续堆积造成我们无法集中精力要麻烦得多。

3.研读信息,用自己的话记笔记

在搜集信息的过程中,研读信息是非常重要的。如果只搜集资料而不及时阅读,就不能及时捕捉到关键点,那么可以说搜集信息的工作毫无效率可言。通过研读信息,我们的阅读速度会得到提升,同时,搜集信息的工作也会变得更高效。随着对信息的研读、分析、理解,我们对接下来应该搜索哪些资料会更加明了。处理信息时,一定要用自己的语言,添加自己的解释,将核心内容记录到笔记本上。如果是在计算机上做这项工作,那么一定要注意:尽量不要使用"复制""粘贴"。要用自己的语言,添加自己的分析和注释之后,存储在计算机中。这样更加有助于对信息整理结果的理解和消化。

思考与练习

◎结合自身目标岗位,谈一谈为什么在职场中需要自律。

【实践体验】

活动一:人际沟通训练营

当问起什么是走向工作岗位最重要的能力,很多人都会说"会说话"。可以说,提升职业能力的第一步也是最重要的一步就是学会沟通。那些有着出色沟通能力和人际关系的人,让我们由衷赞叹。为什么这些人会在社交方面如此成功?这是每个渴望获得卓越成就的职场人都希望了解的,尤其是即将走入职场的大学生们。

一、活动目的

1.使学生认识到沟通的重要性,学习、把握人际沟通的常用技巧,进而在日常生活中持续完善自己的沟通方式。

2.使学生在进入职场前有机会在人际沟通方面加以锻炼,以提前适应职场环境对沟通能力的需求。

二、活动内容

由任课教师及校外专家组成教官团队,通过若干组拓展游戏、自我感悟等互动训练,学生正确认识人际沟通,了解有效沟通的技巧及自身沟通方式存在的不足,并掌握提高沟通效率和沟通质量的方法和能力。

学生参与训练营后,根据自己的理解与感受写一份训练心得,主要从自身关于人际沟通方面的实际情况及收获上进行书写。

三、活动流程

第一环节：初始热身阶段。通过有氧训练，学生快速进入训练状态，在运动中了解本次训练的内容。

第二环节：自我分析与探索阶段。通过"透过心窗看自己"的拓展训练活动，学生了解自己人际关系和沟通能力的现状，认识到自己的人际沟通能力是否有所欠缺。

第三环节：沟通能力训练阶段。经过上一环节的训练之后，部分学生会意识到自己在沟通方面存在着不足。本环节对学生所缺乏的、未来职业生涯所必备的人际沟通能力进行若干拓展训练，使学生学会沟通、敢于沟通、乐于沟通，掌握有效沟通的方法和技巧。

第四环节：结束告别阶段。选出若干学生进行感悟分享，以检验本次活动所取得的收获。

★ 活动材料参考

训练计划

第一次活动

主题：学习沟通基础技巧		地点：小组实验室	所需时间：50分钟
活动目标： 小组成员通过参与小组游戏和讨论为其沟通能力提升打下基础			
超级大头贴	1. 分成两组，每组派出一人，两人面对面坐在中央（中间放一张椅子） 2. 主持人在宣布题目后，分别把两张答案放在这两人的头上。他们只能看到对方头上的答案 3. 开始后，两人轮流问问题猜自己头上的答案，第一次必须先抢坐到中间的椅子上来做抢问。问的问题也只能是是非题 4. 两人轮流问问题，如实回答且只能回答是或否 5. 看哪组成员最先猜出来	主持人讲清楚规则	20分钟
听我口令	主持人念一段话，小组成员依据定好的规则听从主持人的口令坐或站，做错的成员将会被剔除	主持人讲清楚规则	20分钟
分享	主持人适当引导，小组成员轮流分享这次活动的感想	主持人适当引导，记录员妥善记录	10分钟

第二次活动

主题:良好的团体沟通有助合作	地点:小组实验室	所需时间:50分钟

活动目标:
1. 使小组成员认识到团体沟通的重要性
2. 通过游戏及分享讨论的方式,学习、把握团体沟通的常用技巧

活动内容	活动流程	注意事项	所需时间
组合排列	1. 分成两组,工作人员在地上画好长条状范畴,仅容小组成员集体单脚站立 2. 两组随机站立,主持人讲出排列规则(按年龄由小到大)后,成员不能讲话,不能走出划定的范畴 3. 看哪组最先排列好	主持人讲清楚规则,并做好监督	10分钟
你猜我猜	1. 主持人给出写有单词的卡片,各小组分别派2名成员看卡片 2. 这2名成员不能讲话,做出表演,其他人猜测卡片上的单词 3. 看哪组在规定时间内猜出最多的单词	主持人讲清楚规则,并做好监督	15分钟
高效团队	每个团队选出一名领导者,到主持人那里领取自己团队的任务,30秒内传达给组员,看哪个团队最先又快又好地完成任务	主持人做好监督	15分钟
分享	主持人适当引导,小组成员轮流分享这次活动的感想	主持人适当引导,记录员妥善记录	10分钟

> **思考与练习**
>
> ◎参加人际沟通训练营,撰写训练心得。

活动二:企业家讲堂——职业能力

未来我们都将走向工作岗位,在职场这一绚烂的舞台上展示自己。而我们在这个舞台上怎样展示则取决于我们职业能力的高低。不同的用人单位、不同的专业及岗位对大学生职业能力的侧重点各不相同,因此,从企业家那里了解我们应当提升哪些方面的职业能力,对未来的职业生涯发展助益甚多。

一、活动目的

对不同专业的学生开展有针对性的企业家职业能力讲座,可以使学生了解到自身所学专业对应的就业岗位对于职业能力方面的需求,根据自身职业生涯规划的方向以及职

业能力掌握的实际情况,明确需要提升何种职业能力,从而在步入职场之前便能具备驾驭工作的能力。

二、活动内容

邀请校企合作企业和社会各行各业优秀的企业创始人、企业家开展讲座,从职业能力的种类、层次及重要性、自身所处的行业看重的职业能力、如何具备相关领域所需的职业能力等方面为学生提供系统深入的职业能力提升教育,为亟须提升职业能力的学生提供有效的指导。

学生参与讲堂后根据自己的理解与感受,写一份活动感悟,主要从对所在专业对应的职业能力的理解上进行书写。

三、活动流程

第一环节:开场,介绍主讲人。讲座前提前通知学生讲座内容。

第二环节:主讲人从职业能力的种类、层次及重要性、自身所处的行业所看重的职业能力、如何具备相关领域所需的职业能力等方面进行系统深入的职业能力提升教育,为亟须提升职业能力的学生提供有效的指导。讲解时间1小时。

第三环节:答疑。学生根据讲座内容进行提问,主讲人回答。

【学生心得】

作为当代大学生,我认为我们应该具备的基本职业能力有八种,分别是专业技术能力、文字表达能力、人际交往能力、终身学习能力、逻辑思维能力、实际动手能力、组织管理能力和危机化解能力。具备这几种能力,有助于缩短我们的职业适应期,增强职业竞争力。

一、专业技术能力

专业技术能力是这几种基本职业能力的核心。在大学学习期间,我们首先要认真学好专业知识,认清本专业所要走的路,为自己将来的发展打下坚实的基础。在我们毕业找工作时,公司看重的还是我们的专业技术,良好的专业技术让我们在岗位中发挥自己的作用,创造价值,从而更好地实现自己的人生目标。

二、文字表达能力

文字表达能力对于我们来说也非常重要。一个人的文字表达能力决定着与他人沟通交往的效果。如果一个人的文字表达能力不行,连自己的想法都不能完整地表达出来,那么怎么与他人沟通、交流思想?

三、人际交往能力

人际交往能力对于我们大学生来说也是很重要的。无论我们是在学校,还是走出校门、步入社会,都需要与周围的人交往。这时就需要发挥我们的人际交往能力了。尤其是步入职场后,我们还要和更多的陌生人交往,更加需要我们具备良好的人际交往能力。

四、终身学习能力

俗话说"活到老,学到老"。我们不能因为离开校园就停止学习。我们学到的知识只是知识海洋中一座小小岛屿,还有更多的知识等着我们去学习。在这个社会中知识渊博的人不计其数。如果我们不学习,那么也许在不久的将来就会被淘汰。因此,我们要不断学习,培养终身学习能力。

五、逻辑思维能力

逻辑思维能力是培养其他能力的前提。只有具备了良好的逻辑思维能力,我们才能在面对问题时做出正确的判断,才能更好地解决问题,以便培养其他能力。

六、实际动手能力

实践是检验真理的唯一标准。实际动手能力则是检验我们知识掌握情况的标准。实际动手能力对我们以后参加工作有很大帮助。因为在我们参加工作以后,没有老师的指导,也没有同学的帮助,一切要靠自己独立完成。倘若我们的实际动手能力不强,工作就不能按时完成,到那时面临的就是残酷的现实。我们想要在自己所处的专业领域有所作为,就要努力培养自己的实际动手能力。

七、组织管理能力

我们应具备良好的组织管理能力。在大学期间,我们也许会管理一个班级;参加工作以后,我们也许会管理一个团体,这就要考验我们的组织管理能力了。班级管理好了,这个班各个方面都会很优秀。管理团体亦是如此。团体管理得好,就会逐渐发展壮大,创造的价值会更多。

八、危机化解能力

危机化解能力是考验一个人应对突发事件的能力。当我们遇到突发事件时,要沉着冷静,快速而正确地做出判断。虽然在一般情况下,这个能力不会体现出来,但在紧急关头,危机化解能力对我们也很重要。

具备这几种基本职业能力,有助于我们更好地就业和发展,体现自己的人生价值。

思考与练习

参加企业家讲堂,结合本章内容,撰写关于自身职业能力的感悟。

第五章
Chapter 5

创新创业 时代最强音

【学习目标】

通过对本章内容的学习，大学生可以认知创新的含义与价值，了解创新的方法，进而激发创业思维和创业热情，掌握创业的基本方法，积极参与创业实践。

【导言】

2019年6月13日，中共中央政治局常委、国务院总理李克强在浙江杭州出席2019年全国大众创业万众创新活动周，并发表重要讲话。李克强指出，大众创业万众创新实质是通过改革解放和发展生产力，调动亿万市场主体积极性和社会创造活力，更大限度激发每个人的潜能潜质。近年来，在以习近平同志为核心的党中央坚强领导下，中国经济保持平稳运行。虽然当前面临复杂严峻的国内外形势，但中国经济有韧性，韧性植根于近14亿人的勤劳与创造，"双创"是个重要支撑，依靠更大激发市场主体活力和社会创造力，可以顶住经济下行压力，保持中国经济长期向好的基本面。"双创"有力支撑着就业。

李克强指出，"双创"是创新发展的重要抓手。中国经济发展到今天，必须加快新旧动能转换。"双创"聚众智、汇众力，利用"互联网+"平台，促进了新动能加快成长，这是中国未来发展的巨大潜力所在。要推动"双创"提升质量，创业创新者要弘扬企业家精神、工匠精神、专业精神，脚踏实地，从细微处做起，追求卓越，把精妙创意变成现实，以受消费者欢迎的产品和服务赢得市场，推动高质量发展。

（选自中国政府网）

第一节 认识创新

> 创新是一种赋予资源新能力的活动,并使资源创造出财富。事实上,创新本身创造了资源。
>
> ——彼得·德鲁克

如果想尽快融入社会、检验和锻炼自己在学校所学的,我们可以选择常规就业;如果想继续深造,我们可以选择考取研究生;而那些有创新精神,想挑战自己、实现梦想的同学,可以选择创业。

一、创新的含义

创新是人类社会的特有现象,人类社会的每一次进步都是一个创新的过程。关于创新的含义,经济学家和管理学家是这样阐释的:熊彼特是"创新理论"的创始人,他认为所谓创新,就是建立一种全新的生产函数,也就是把一种以前从来没有过的,关于生产要素和生产条件的"新组合"引入生产体系。创新应当是企业家的主要特征,企业家不是投机商,也不是只知道赚钱、存钱的守财奴,而应该是大胆创新、敢于冒险、善于开拓的创造型人才。在熊彼特的理论中,创新是生产过程中内生的,是一种"革命性"变化。创新同时意味着毁灭,必须能够创造出新的价值。创新是经济发展的本质规定,主体是"企业家"。德鲁克从管理学角度解释了创新:创新是一项赋予人力和物质资源以更新和更强创造财富的能力的任务。任何改变现存物质财富创造潜力的方式都可以称为创新。

创新是把新设想、新技术、新成果成功付诸实施并获得更高效益的动作过程。也就是人们能动地进行创造并最终获得更高效益的一个综合过程,如图 5-1 所示。

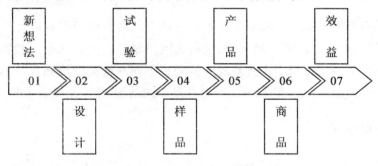

图 5-1 创新成果转化流程

综上所述,创新是个综合性概念,随着社会发展,其内涵在不断变化。本书认为,创新是以新思维、新发明和新描述为特征的一种概念化过程。创新有三层含义:第一,更新;第二,创造新的东西;第三,改变。创新是人类为了满足自身的需要,不断拓展对客观世界及其自身的认知与行为的过程和结果的活动。具体来说,创新是指人为了一定的目的,遵循事物发展的规律,对事物的整体或其中的某些部分进行变革,从而使其得以更新与发展的活动。

【课堂活动】

说一说身边有哪些创新的例子？

_____

_____

二、创新的意义

（一）创新推动社会生产力的发展

科技创新能力是促进生产力发展的要素，是知识经济发展的主要动力，是可持续发展能力的核心。可持续的生产方式、生活方式和社会发展模式的形成与发展均依赖于科技的创新、发展和应用。科技创新正是"技术进步"与"应用创新"这个"双螺旋结构"共同演进催生的。

（二）创新推动生产关系和社会制度的变革

社会经济发展的不同阶段要适时地通过改革不断推动制度自我完善与发展，为生产力的发展与解放提供更广阔的途径。由于理论、科技、文化都受到制度的制约，相应地，理论创新、科技创新、文化创新也将受到制度的制约。唯有制度创新，才能为其他创新提供制度保障。

（三）创新推动人类思维和文化的发展

创新推动着人类思维方式的变革。实践基础上的理论创新和理论指导下的实践创新，使人类认识的对象和范围日趋广阔，使得人类思维的能力和水平不断提高。人类文化的发展是通过创新实现的。实践基础上的理论创新是社会发展和变革的先导。创新是一个民族进步的灵魂，是一个国家兴旺发达的不竭动力，是一个政党永葆生机的源泉。

三、创新的方式

1. 表现形式：知识创新、技术创新、服务创新、制度创新、组织创新、管理创新等。
2. 创新领域：教育创新、金融创新、工业创新、农业创新、国防创新、文化创新等。
3. 行为主体：政府创新、企业创新、团体创新、大学创新、科研机构创新、个人创新等。
4. 创新方式：独立创新、合作创新等。
5. 意义大小：渐进性创新、突破性创新、革命性创新等。
6. 创新效果：有价值的创新、无价值的创新、负效应创新等。
7. 创新层次：首创型创新、改进型创新、应用型创新等。

【课堂活动】

班级全体成员随机回答问题,每个同学说出一种提升自己的创新能力的方法,时间1分钟。

_____

_____

四、创新的方法

创新发明的核心和动力就是把生活中的不方便变得方便。创新的方法不难,需要做到以下三步:

第一步:发现问题(热爱生活、博学好问)。

第二步:思考问题(向往美好、善思高效)。

第三步:解决问题(寻找方法、敢于探索)。

【案例】

某位教授的创新动力从生活中的不方便开始——该教授由于科研工作每天需要很早就从家离开去研究所,但家里其他成员会因为自己的闹钟吵醒。针对这一问题,教授着手开发了一款"震动报警枕",每天可以按照自己设定好的时间震动枕头而不发出声音影响其他人。这位教授从生活中遇到的不便入手,以"痛点"为突破点,正是创新的动力所在。

1. 加一加

很多的产品创新往往是两种物质的叠加改变。比如我们常见的铅笔,铅笔杆的后部加上了橡皮。创意来自一位美国画家,他在绘图的过程中,总是因为橡皮丢失而苦恼,进而产生出将橡皮和铅笔叠加在一起的想法。同样的设计方法诞生了航天飞机、智能手机等。

2. 减一减

我们在城市中经常能看到这样一种地砖,铺设在人行道旁,都是六边形,与普通砖不同的是中间可以长出植物来。这就是应用了"减一减"的方法,将原本的地砖中间镂空,使得植物能够透过这个地方生长,不致因人行道的铺设影响城市的绿化。

3. 扩一扩

世界著名的波音公司开发出了先进的航空器,其中最著名的是"波音7"系列的飞机。波音737客机设计精良,但是上线一段时间后,根据各方面反馈,存在客舱过于狭窄等机舱设计问题。针对这一问题,波音公司着力在飞机客舱方面进行设计改良,因此诞生了波音787中型客机,不仅能够容纳更多旅客,客舱也更加舒适美观。波音公司的这一项设计使其客机在同类机型产品中具有强大的竞争力,也让波音公司在航空器领域的激烈竞争中遥遥领先。

4. 变一变

随着移动互联网的普及并深入到我们日常生活中衣食住行的方方面面，快递小哥、外卖小哥的交通工具——摩托车、电动车也成为创新的成果。它们是在自行车的基础上改造的，由原始的人力改造成机械动力，实现了动力上的创新。

5. 缩一缩

与波音737变为787的"扩一扩"相反，在日常生活中，我们需要将常见的物品缩小以便利生活。比如冰箱为实用和便捷进而微缩成了"迷你"冰箱。

类似的创新在生活中比比皆是，今后将产生更多新奇的想法。我们要把握机会，多思考、多实践，将好的创意付诸实践，创造未来美好的生活。

思考与练习

◎创新的方法有哪些？

◎参加大学生创新创业项目从哪个角度选题？

第二节　创业者与创业实践

创业的含义有广义和狭义之分，广义的创业就是在本职岗位中兢兢业业的就业精神；狭义的创业就是指在未来的职业选择中，选择创办自己的实体企业。《现代汉语词典》对"创业"的解释是：创办事业。而"事业"是指人所从事的，具有一定目标、规模和系统并对社会发展有影响的经济活动。《辞海》对"创业"的解释是：创立基业。"基业"是指事业的基础。由此可见，创办事业是创业的本质。所以，本书认为，狭义的创业是个人或团队自主创办企业；广义的创业是指所有具有开拓性和创新性特征的、能够增进经济价值或社会价值的活动。

一、创业者

（一）创业者概述

创业者是创业的主体。创业者既可以是一个单独的个体，也可以是一个团队。按创业内容可划分为：

1. 生存型创业者

这种类型的创业者大多为下岗工人、失去土地或因为种种原因不愿留守乡村的农民，以及刚毕业找不到合适工作的大学生。一般创业范围均局限于商业贸易，少量从事实业、加工业。生存型创业者是我国数量最大的创业人群。据清华大学的调查报告：这一类型的创业者占我国创业者总数的90%。当然也有因为机遇成长为大中型企业的，但数量极少。

2. 主动型创业者

这类创业者可以细分为两种：一种是盲动型创业者，一种是冷静型创业者。前一种创业者大多极为自信，做事冲动。而后者创业往往仔细谋划一番，有了具体计划再实行。他们的创业范围根据自身的经验和观察所得。盲动型创业者带有赌博性质，不太喜欢研究成功概率，这样的创业者很容易失败，但一旦成功，往往会是一番大事业。而冷静型创业者是创业者中的精华，要么掌握了足够的资源，要么拥有精湛的技术，一旦行动，成功概率通常很高。

3. 赚钱型创业者

这种类型的创业者没有什么明确的目标，就是喜欢赚钱，也可以说他们唯一的目标就是赚钱。也有些就是喜欢创业，喜欢做老板的感觉。这类创业者创业范围没有什么局限性，看什么挣钱他们就做什么，不计较自己能做什么、会做什么。这一类创业者中赚钱的并不少，创业失败的概率也并不比那些兢兢业业、勤勤恳恳的创业者高。

（二）大学生创业者

大学生创业是以在校大学生和毕业大学生这类群体为创业主体的创业过程。大学生有着较为丰富的知识储备，是符合我国"十三五"规划的创业主要人群。大学生创业的优势在于大学生往往对未来充满希望，他们有着年轻人的干劲、充满激情，以及"初生牛犊不怕虎"的精神，而这些都是一个创业者应该具备的素质。此外，大学生在学校里学到很多理论性的内容，有着较高层次的技术优势。大学生创业从一开始就倾向高技术含量的领域，"用智力换资本"是大学生创业的特色。一些风险投资家往往看中了大学生所掌握的先进技术，而愿意对其创业计划进行资助。现代大学生有创新精神，有对传统观念和传统行业挑战的信心，而这种创新精神也往往造就了创业的动力源泉，成为成功创业的精神基础。

与此同时，大学生创业也存在一些弊端，具体表现在以下几个方面：

（1）由于大学生社会经验不足，常常盲目乐观，没有充足的心理准备。对于创业中的挫折和失败，许多大学生创业者感到十分痛苦茫然，甚至沮丧消沉。他们看到的都是创业成功的例子，心态自然都是理想主义的。其实，成功的背后还有更多的失败。看到成功，也看到失败，这才是真正的市场，也只有这样，才能使年轻的创业者们变得更加理智。

（2）急于求成，缺乏市场意识及商业管理经验，是影响大学生成功创业的重要因素。大学生虽然掌握了一定的理论知识，但终究缺乏必要的实践能力和经营管理经验。此外，由于大学生对市场营销等缺乏足够的认识，很难一下子胜任企业经理人的角色。

（3）大学生的市场观念较为淡薄，不少大学生很乐于向投资人大谈自己的技术如何领先与独特，却很少涉及这些技术或产品究竟会有多大的市场空间。而对于诸如目标市场定位与营销手段组合这些重要方面，他们全然没有概念。其实，真正能引起投资人兴趣的并不一定是那些先进得不得了的东西，相反，那些技术含量一般但却能切中市场需求的产品或服务，常常会得到投资人的青睐。由此可见，大学生创业者应该有非常明确的市场营销计划,能有力地证明赢利的可能性。

二、创业者的能力

(一)元认知能力

元认知是对认知的认知,具体来说,是个人对自己认知过程的知识和调节这些过程的能力。元认知能力强的人学习能力很强,他们对自己的学习和认知过程很了解,因此能够在快速自我思考和自省后产生最优化的学习策略,能够正确认识自己的能力及限度,也很清楚如何克服自己的不足。

(二)情绪能力

成功企业家懂得处理自己的情绪,比一般人具备更强的同理心,能够换位思考,准确把握他人需求和想法。体现创业过程中,他们不仅能使自己的产品和服务设计得更符合用户需要,也能在与投资人、用户的沟通中,赢得更多好感和认可。

(三)领导力

领导力是一系列行为的总和,这些行为将会激励人们跟随领导者去要去的地方。美国前国务卿基辛格说:"领导就是要带领人们,从现在的地方,到他们去还没有去过的地方。"创业公司的领导者更需要有超凡的个人魅力,吸引人们朝向他所描绘的愿景进发,引导团队成员去实现目标。

(四)抗逆力

在面对困境、挫折时,一个人体现出来的适应、复原甚至在逆境中变得更好的能力就是抗逆力。这项能力对于创业者来说尤为重要。任何一家创业公司在成功之前都可能经历无数次的困境、危机,每一次困境都可能成为压倒骆驼的最后一根稻草,也可能成为在沙漠中重生的营养补给。

成功的创业者虽然风格各异,但也有相似的内核。他们的特质和能力是创业成功的基础,也是投资人看重的投资条件之一。因此,在开始创业之前,不妨认真分析一下自己;在创业过程中,也不要忘了修炼和提升自己。因为,创业者自身是创业过程中最大的价值和财富。

【课堂活动】

小组讨论创业者需要具备什么样的素质？

创业成功需具备的素质	分析自己是否具备这些特征
不适合创业的性格特征	分析自己是否有这些特征

三、创业机会

对于想进行实体创业的大学生来说，任何机会都需要我们不断去寻找，更需要我们积极地做好准备。一旦有了准备，机会对我们来说才是真正的机会，这时就要勇敢地去把握。

（一）创业机会的来源

1. 需求产生机会

创业的根本目的就是满足顾客的需求，当顾客的需求尚需满足时，就产生了创业的机会。寻找机会的一个重要途径就是善于发现身边人们在需求方面存在的问题。

2. 变化产生机会

创业的机会大都产生于不断变化的市场环境，环境变化了，市场需求、市场结构必然发生变化。德鲁克将创业者定义为那些能"寻找变化，并积极反应，把它当作机会充分利用起来的人"。这种变化主要来自产业结构的变动、消费结构升级、城市化加速、人们思想观念的变化、政府政策的变化、人口结构的变化、居民收入水平提高、全球化趋势等诸多方面。比如居民收入水平提高，私家车的拥有量不断提升，这就派生出了汽车销售、修理、配件、清洁、装潢、二手车交易、代驾等诸多创业机会。

3. 创造发明产生机会

创造发明提供了新产品、新服务，更好地满足顾客需求，同时也带来了创业机会。比如随着计算机的诞生，计算机维修、软件开发、计算机操作的培训、图文制作、信息服务、网上开店等创业机会随之而来。即使我们不发明新的东西，也能成为销售和推广新产品的人,从而带来商机。

(二)创业决策与准备

我们在创业前需要慎重考虑,认真做准备,至少要考虑以下几个因素:
(1)自己的能力满足创业要求吗?
(2)自己能长时间保持创业激情吗?
(3)自己的身体健康状况能够适应创业吗?
(4)自己的家庭支持自己创业吗?
(5)自己能做好风险预估吗?或者出现损失后能够承担吗?

做出创业决策后,需从以下几个方面进行准备:

1. 选择创业项目

大量创业成功者的实例表明,选定好的创业项目是创业成功的前提和基础。选择创业项目,不仅要对自身的兴趣、特长、实力进行全面客观的分析,而且要善于发现市场机会、把握未来发展趋势。

2. 拟定创业计划

选定创业项目是指决定创业"干什么",拟定创业计划则是决定创业"怎么干"。好的计划是创业成功的一半。只有拟出切实可行的创业计划,创业活动才能有的放矢,减少失误,提高创业成功的把握度。

3. 筹集创业资金

创业必须有一定的资金,否则,创业活动就无法开展。由于创业者一般都缺乏资金,所以,筹集创业启动资金就成为创业者必须解决的一个重要问题。

4. 办理创业的有关法律手续

投资创办企业必须按照有关法律法规要求,办理相关手续方能开业,主要是办理工商登记注册手续、税务登记手续、银行开户手续等。

5. 创业计划的实施与管理

创业者完成了前四个步骤的工作后,接下来就要按照拟定的创业计划,组织调配人、财、物等资源,实施创业计划并加强管理。如果说前四个步骤是创业的准备阶段,那么这一步骤就是创业的实施阶段。创业实施阶段的工作既是创业的重点,也是创业的难点。这一阶段的工作不仅要求创业者要有吃苦耐劳、不屈不挠的精神,更要求创业者讲究工作方法、运用经营管理策略,方能实现创业目标。

【课堂活动】

说一说决定创办自己的实体公司前,需要从哪些方面做好准备?为什么?

四、创业实践

在创业中需要做好充分的准备,按照"五阶创业"的方法,有序地开展创业活动,如图 5-2 所示。

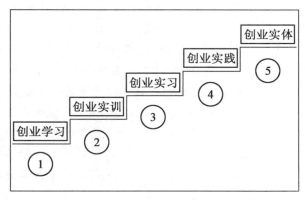

图 5-2 "五阶创业"流程

1. 创业学习

创业者一定要具备很强的学习能力,要善于学习有关创业的知识。例如可以通过学校的创新创业课程了解创业知识,可以通过在网上观看创业知识的相关视频,与创业成功者进行深入的访谈,从而获取系统的关于创业的经验。

2. 创业实训

由实训师指导帮助我们参照创业孵化器内创业公司的经营类别和组织结构,组建公司或担任创业公司内各岗位的员工,按照真实的商业运作程序经营公司,在工作岗位上学习。通过在实训中不断改正错误,培养和提升我们的办公能力、业务能力,有效降低创业的风险。

3. 创业实习

对于有创业想法的人,可以通过到企业进行社会实践获得真正的社会历练,进入半保护状态下的社会真实的创业发展环境中,参与学习创业整个过程,总结每个项目运作细节。这个过程重在学习体验真实的创业环境,并通过创业学习行为积累创业所需要的各种资源,如项目经验、客户、渠道、团队建设等,为将来创业打下坚实的发展基础。

4. 创业实践

在校期间我们组建创业团队,在孵化器中按照正常企业经营的环境运营自己的项目。对于创业机会与风险有基本的评估,整合创业资源,开拓市场空间。

5. 创办实体

到相关部门申请创办公司,明确企业法人和合伙人出资比例,明确公司经营范围。了解国家信贷、税收、财政补贴政策,合理获得国家的资金的支持。

【案例】

比尔的职业发展规划与践行

一个美国小伙子立志做一名优秀的商人。中学毕业后考入麻省理工学院,他没有去读贸易专业,而是选择了工科中最普通、最基础的专业——机械专业。大学毕业后,这位小伙子没有马上投入商海,而是考入芝加哥大学,攻读为期三年的经济学硕士学位。然而获得硕士学位后,他还是没有从事商业活动,而是考了公务员。在政府部门工作了五年后,他辞职下海经商。又过了两年,他开办了自己的商贸公司。20年后,他的公司资产从最初的20万美元发展到2亿美元。这位小伙子就是美国知名企业家比尔。1994年10月,比尔率团来中国进行商业考察,在北京长城饭店接受《中国青年报》记者采访时,他谈到他的成功应感激父亲的指导,他们共同制订了一个重要的职业生涯规划。最终这个规划使他功成名就。我们来看一下他成功的简图:工科学习→工学学士→经济学学习→经济学硕士→政府部门工作→锻炼处世能力,建立广泛的人际关系→大公司工作→熟悉商务环境→开公司→事业成功。

第一阶段:工科学习

中学时代,比尔就立志经商。他的父亲是洛克菲勒集团的一名高级职员,他发现儿子有商业天赋,机敏果断,敢于创新,但经历的磨难太少,没有经验,更缺乏必要的知识。于是,父子俩进行了一次长谈,并描绘出职业生涯的蓝图。因此升学时他没有像其他人一样直接去读贸易专业,而是选择了工科中最基础最普通的机械制造专业。因为做商贸必须具备一定的专业知识。在商品贸易中,工业品占绝大多数,不了解产品的性能、生产制造情况,就很难保证在贸易中得到收益。工科学习不仅是知识技能的培养,而且帮助他建立了一套严谨求实的思维体系。清晰的推理分析能力,脚踏实地的工作态度,正是经商所需要的。

比尔在麻省理工学院的四年,除了本专业,还广泛接触了其他课程,如化工、建筑、电子等,这些知识在他后来的商业活动中发挥了举足轻重的作用。

第二阶段:经济学学习

大学毕业后,比尔没有立即进入商海而是考进芝加哥大学,开始了为期三年的经济学硕士课程。在市场经济下,一切经济活动都是通过商业活动来实现的,不了解经济规律,不学习经济学知识,很难在商场立足。

比尔掌握了经济学的基本知识,弄清了影响商业活动的众多因素,还认真学习了有关法律和微观经济活动的管理知识。几年下来,他对会计、财务管理也较为精通,在知识上已完全具备了经商的素质。

第三阶段:政府部门工作

比尔拿到经济学硕士学位后考取了公务员,在政府部门工作了五年。经商必须有很强的人际交往能力,要想在商业上获得成功,必须深知处世规则,善于与人交往,建立诚信合作关系。这种开拓人际关系的能力只有在社会工作中才能得到提高。

在环境的影响下,比尔养成了强烈的自我保护意识,由稚嫩的热血青年成长为一名老成、处事不惊的公务员,并结识了各界人士,建立起一套关系网络,为后来的发展提供大量的信息和便利条件。

第四阶段:通用公司锻炼

五年的政府工作结束之后,比尔完全具备了成功商人所需的各种素质,但知识要通过实践的锻炼才能转化为技能。于是他辞职下海,去了通用公司。

在通用公司进行锻炼,比尔不仅为实践所学的理论找到了一个强大平台,而且学习到了丰富的管理经验,完成了原始的资本积累。这也是大学生创业应该借鉴的地方,除了激情还应该考虑到更多的现实。

第五阶段:自创公司,大展拳脚

两年后,比尔已熟练掌握了商情与商务技巧,便婉言谢绝了通用公司的高薪挽留,开办了拉福商贸公司,开始了梦寐以求的商人生涯,实现多年前的计划。

比尔的准备工作,几乎考虑到了每个细节。拉福公司的成长速度出奇地快,二十年后,拉福公司的资产从最初的20万美元发展为2亿美元,而比尔也成为一个商业奇才。

> **思考与练习**
>
> ◎创新能力如何自我培养?
> ◎创业的步骤有哪些?
> ◎参加"互联网+"大学生创新创业大赛从哪个角度选题?

第三节 创新思维与方法

想象力比知识更重要,因为知识是有限的,而想象力概括了世界上的一切,推动着社会进步,并且是知识进化的源泉。

——爱因斯坦

一、创新思维

(一)创新思维的概念

创新思维是指以新颖独创的方法解决问题的思维过程。这种思维能突破常规思维的界限,以超常规甚至反常规的方法、视角去思考问题,提出与众不同的解决方案,从而产生新颖的、独到的、有社会意义的思维成果。

(二)创新思维的表现形式

1. 理论思维

理论一般可理解为原理的体系,是系统化的理性认识。理论思维是指使理性认识系统化的思维形式。这种思维形式在实践中应用很多,如系统工程就是运用系统理论思维来处理一个系统内和各个有关问题的一种管理方法。钱学森认为,系统工程是组织管理系统的规划、研究设计、创新试验和使用的科学方法。因此,为了把握创新规律,就要认真研究理论思维活动的规律,特别是创新性理论思维的规律。

2. 多向思维

多向思维也叫发散思维、辐射思维或扩散思维,是指对某一问题或事物的思考过程中,不拘泥于一点或一条线索,而是从仅有的信息中尽可能向多个方向扩展,不受已经确定的方式、方法、规则和范围等的约束,并且从这种扩散的思考中求得常规的和非常规的多种设想的思维。多向思维的概念,最早是由武德沃斯于1918年提出。美国心理学家吉尔福特在智力三维结构模式理论中,明确提出了发散性思维,也就是多向思维。他认为,发散思维是从给定的信息中产生信息,其着重点是从同一的来源中产生各种各样的为数众多的输出。

3. 侧向思维

"他山之石,可以攻玉"。当我们在一定的条件下解决不了问题或虽能解决但只是用习以为常的方案时,可以用侧向思维来产生创新性的突破。具体运用方式有以下三种:

(1)侧向移入。这是指跳出本专业、本行业的范围,摆脱习惯性思维,侧视其他方向,将注意力引向更广阔的领域或者将其他领域已成熟的、较好的技术方法、原理等直接移植过来加以利用;或者从其他领域事物的特征、属性、机理中得到启发,导致对原来思考问题的创新设想。鲁班由茅草的细齿拉破手指而发明了锯;威尔逊移入大雾中抛石子的现象,设计了探测基本粒子运动的云雾器等。大量事例说明,从其他领域借鉴或受启发是创新发明的一条捷径。

(2)侧向转换。这是指不按最初设想或常规直接解决问题,而是将问题转换成其侧面的其他问题,或将解决问题的手段转为侧面的其他手段等。这种思维方式在创新发明中常常使用。

(3)侧向移出。与侧向移入相反,侧向移出是指将现有的设想、已取得的发明、已有的感兴趣的技术和产品,从现有的使用领域、使用对象中摆脱出来,将其外推到其他领域或对象上。这也是一种立足于跳出本领域,克服线性思维的思考方式。如将工程中的定位理论用在营销中。

总之,不论是利用侧向移入、侧向转换还是侧向移出,关键是要善于观察,特别是留心那些表面上似乎与思考问题无关的事物与现象。这就需要在注意研究对象的同时,间接注意其他一些偶然看到的或事先预料不到的现象。也许这种偶然并非是偶然,可能是侧向移入、移出或转换的重要对象或线索。

4. 逆向思维

任何事物都包括对立的两个方面,这两个方面又相互依存于一个统一体中。人们在认识事物的过程中,实际上是同时与其正反两个方面打交道,只不过由于日常生活中人们往往养成一种习惯性思维方式,即只看其中的一方面,而忽视另一方面。如果逆转一下正常的思路,从反面想问题,便能得出一些创新性的设想。如管理中的"鲶鱼效应"、需改变传统的"对固定路径的依赖"。

5. 联想思维

联想思维是指由某一事物联想到另一种事物而产生认识的心理过程,即由所感知或所思的事物、概念或现象的刺激而想到其他的与之有关的事物、概念或现象的思维过程。联想是每一个正常人都具有的思维本能。由于有些事物、概念或现象往往在时空中伴随出现,或在某些方面表现出某种对应关系,这些联想反复出现,就会被人脑以一种特定的记忆模式接受,并以特定的记忆表象结构储存在大脑中,一旦以后再遇到其中的一个时,大脑会自动地搜寻过去已确定的联系,从而马上联想到不在现场的或眼前没有发生的另外一些事物、概念或现象。联想的主要素材和触媒是表象或形象。表象是对事物感知后留下的印象,即感知后的事物不在面前而在头脑中再现出来的形象。表象有个别表象、概括表象与想象表象之分,联想主要涉及前两种,想象才涉及最后一种。

6. 形象思维

形象思维就是依据生活中的各种现象加以选择、分析、综合,然后加以艺术塑造的思维方式。它也可以被归纳为与传统形式逻辑有别的非逻辑思维。严格地说,联想只完成了从一类表象过渡到另一类表象,它本身并不包含对表象进行加工制作的处理过程,而只有当联想导致创新性的形象活动时,才会产生创新性的成果。实际上,联想与形象的界限是不好划分的,有人认为可以把形象看成是一种更积极、更活跃、更主动的联想。

二、创新思维方法

(一)思维导图

1. 思维导图概述

思维导图又叫心智图,是一种应用于记忆、学习、工作、思考的"思维地图",是表达发散性思维的有效的图形思维工具。思维导图的创始人是英国心理学家东尼·博赞,目前在全球范围内已得到广泛的运用。

思维导图简单明了,却又十分有效,是一种革命性的思维工具。思维导图运用图文并茂的技巧,把各级主题之间的关系利用相互隶属、相互关联的层级图表现出来,把主题关键词与图像、颜色等标志建立记忆链接。思维导图充分运用左右脑的机能,利用记忆、阅读、思维的规律,协助人们在科学与艺术、逻辑与想象之间平衡发展,从而开启人类大脑的无限潜能。思维导图因此具有人类思维的强大功能。

思维导图是一种将发散性思考进行具体化概括的一种方法。发散性思考是人类大脑的自然思考方式,每一种进入大脑的资料,无论是感觉、记忆或是想法,包括文字、数字、符号、食物、香气、线条、颜色、意象、节奏、声音等,都可以成为一个思考中心,并由此中心向外发散出成千上万的关节点。每一个关节点代表与中心主题的一个联结,而每一个联结又可以成为另一个中心主题,再向外发散出成千上万的关节点,而这些关节的联结可以视为人的记忆，也就是个人数据库。

2. 思维导图应用能力训练

经常使用思维导图可以锻炼全脑思维，提高我们的记忆能力、阅读能力、想象能力、创新能力、观察能力等，进而大大提高我们工作、生活和学习的效率。下面对思维导图的绘制步骤进行介绍，我们在学习、工作的过程中应当有意识地运用。

（1）从一张白纸的中心开始绘制，周围留出空白。从中心开始绘制，使思维中心向各个方向自由发散，能够更自然、更广泛地表达自己的思维。

（2）用一幅图像表达中心思想。一幅图像所表达的信息量等同于成百上千个词汇，它能够帮助人们发挥想象力。图像越生动有趣，越容易使人精神集中，也越能使大脑兴奋。

（3）在绘制过程中使用颜色。颜色和图像一样，能够使大脑兴奋。颜色能够给思维导图增添跳跃感和生命力，为人们的创造性思维增添巨大的能量。

（4）将中心图像和主要分支连接起来，然后把主要分支和二级分支连接起来，再把三级分支和二级分支连接起来，以此类推。人的大脑是通过联想进行思考的，把分支连接起来，人们会更容易理解和记住很多内容。把主要分支连接起来，同时也创建了思维的基本结构，这和自然界中大树的形状极为相似。树枝从主干生出，向四面八方发散，若主干和主要树枝或主要树枝和枝杈之间发生断裂，那么这棵树就会出现问题。同理，若思维导图没有连线，那么学习过程就会面临崩溃。

（5）让思维导图的分支自然弯曲而不是像一条直线。人的大脑会对直线感到厌烦，曲线和分支就像有趣的图像一样更容易吸引人们的注意。

（6）在每条线上使用一个关键词。单个的词汇能够使思维导图更具有力量和灵活性。每一个词汇和图形都像一个母体，繁衍出与之相关的、互相联系的一系列"子代"。若绘制过程中使用单个关键词，每一个词都更加自由，因此也有助于新想法的产生；而短语或句子则容易使思维陷入固定式，扼杀新想法的产生。标明关键词的思维导图就像有灵活关节的手，而写满短语或句子的思维导图，就像手被固定在僵硬的木板上一样。

（7）自始至终使用图形。每一个图形就像中心图形一样，相当于成百上千个词汇。因此，充分运用图形的思维导图，抵得上长篇大论的纯文字笔记。

（8）绘制思维导图的技巧：①突出重点；②发挥联想；③清晰明了；④形成个人风格。

（二）多元思维模型思考清单

思维模型是一种视角或思维框架，决定我们观察事物和看待世界的视角。不同的思维模型会通过不同的视角或者框架来看待同一件事情。

多元思维模型，即我们看待同一件事情时，必须调用不同的思维模型，避免因为思维模型和视角的局限性导致的片面看法。在思考时，多元思维模型思考清单可以防止出现思考时的遗漏和片面，尽可能全面地对事物进行客观评估，帮助我们做出更好的决策。

（三）心理误判

心理误判是非常重要的思维模型，它可以帮助我们找到自己的思维缺陷，或者发现和利用别人的思维缺陷，在谈判或者商品销售中达到我们的目的。在思考过程中，我们必须避免陷入心理误判。

限于篇幅原因，仅对部分心理误判做简单描述。下面选择的心理误判倾向内容是否代表其他心理误判不重要，我们需要谨慎学习审视每种心理误判，打破禁锢，利用某种或多种心理误判来帮助我们完成思考和谈判。

1. 奖励和惩罚超级反应倾向

几乎所有人都会受到激励机制的影响。好的激励机制有利于提高工作效率。不恰当的激励机制则能够导致人们在做坏事的时候觉得自己是正当的。所以非常需要认清自己及他人做事的目的是什么。

2. 喜欢/热爱倾向

"爱屋及乌"说的就是这个倾向性。在实际思考中，我们要避免因为个人的喜好而夸大实际的情况。在商业应用中，要了解客户的喜好、偏好，在设计产品或服务时符合客户的喜好。

3. 讨厌/憎恶倾向

与"喜欢/热爱倾向"是相反的情况。在实际思考中，要避免因为对某人或某事的厌恶而扭曲事实，没有看到其中的优点和合理之处。

4. 避免怀疑倾向

人们有一种尽快做出决定，而防止被怀疑的倾向。在思考中，要避免因为别人的看法而做出仓促的决定。

5. 避免不一致倾向

对于事物的看法和讨论会趋于一致性，避免被人认为特立独行，这在创新思维中是大忌。查理·芒格指出："正确的教育应该是一个提高认知能力的漫长过程，以便使我们变得足够有智慧，能够摧毁那些因拒绝改变倾向而被保留的错误想法。"所以我们要不断去检查那些僵化的结论和态度。

6. 好奇心倾向

人类具有强烈的好奇心倾向，在大多数情况下，好奇心能帮助我们进步。但是在某些特殊的情况下，好奇心又可能会害人。比如在商业思考中，看到新的投资风口，很有可能在好奇心与超级奖励的共同作用下做出错误的决策。

7. 自视过高的倾向

很多人会认为自己在某些方面比别人更强，比如90%的司机认为自己的驾驶技术在平均水平以上。人们一旦拥有某件物品后，对该物品的评价就会比未拥有时高，这叫作禀赋效应。人们做出决定之后，会觉得自己的决定很好，甚至比没做出决定之前所认为的还要好。在商品购买、招聘人员时，都可能出现这种情况。为了避免这种倾向，我们要放弃自认的决定,要更加客观,甚至从反方向思考。

8. 被剥夺超级反应倾向

我们同时受到奖励和惩罚时,不自觉会夸大惩罚的效果。例如:今天你捡到200元钱,但是后来又丢了100元,你的感受必然和捡到100元钱是不同的。人们会花费更多金钱去维持避免损失而导致更多的损失,最常见的情景就是赌博。

9. 社会认同倾向(从众心理)

商业领域存在某些行为未经讨论的一致性趋势。人们不仅会受到别人行动的误导,也会受别人不行动误导。而在广告和商品促销中,社会认同发挥的重要作用简直超乎人们的想象。

10. 对比错误反应倾向(锚定心理)

当人们需要对某个事件做定量估测时,会将某些特定数值作为起始值。起始值像锚一样制约着估测值,人们在做决策的时候,会不自觉地给予最初获得的信息过多的重视。在商业中的应用包括基于原价的降价行为,必须标出原价数值,显示明显的对比。

11. 权威－错误影响倾向

人类社会的权利结构增强了人们天生就有的追随领袖的倾向。而人类的权威－错误影响倾向会造成认知错误。对于权威提供的信息,我们要更加谨慎地去思考。

(四)第一性原理

在思考过程中,我们需要深度思考,思考我们现在做的事情,背后的底层原理、底层因素是什么。从产品需求和客户角度来说,类似于客户需求的最终需求,而不是表面的需求。客户告诉我们要买一个锤子,需求是一个锤子;但是我们询问后,了解到客户是想钉个钉子,挂一幅画;再次深度询问后,我们了解到客户对当前的办公环境不满意,希望通过一幅画进行美化。通过深度询问,我们发现了客户的深度需求是美化办公室,那么美化办公室有没有更好的办法,而不仅仅是挂一幅画?挖掘需求背后的需求,就是深度思考的一种方式。第一性原理主要帮助我们在创业时进行深度思考。第一性原理代表我们创业时的核心因素和思维方式,在创业过程中的每个思考、每个行动,都要基于第一性原理进行。

第一性原理帮助我们从繁杂的信息中找到最基础、最重要的部分,找到我们的最终目标,向着目标前进,不管过程中情况如何复杂,都要依据第一性原理作为基础,选择最合适的解决方案。

思考与练习

◎ 创新方法有哪些?

◎ 第一性原理为我们提升创新方法提供了什么思路?

【实践体验】

活动一：大学生创新创业训练计划项目

一、实践目标

创新创业看似"任重而道远"，但我们通过有规划地学习和实践，就能发现创新创业虽任重但道不远。掌握创新创业能力，除了在课堂中获取专业的前沿知识和理论，以及创新创业的必要常识与经验外，还可以通过申请学校的大学生创新创业训练计划项目进行体验，这是最便捷、最有效的途径之一。

为深入贯彻落实《国务院办公厅关于深化高等学校创新创业教育改革的实施意见》精神，进一步深化高校创新创业教育改革，鼓励和支持大学生尽早参与科学研究、技术开发和社会实践等创新创业活动，强化创新创业实践能力训练，培养创新创业生力军，学校每年5月按照教育厅要求组织开展大学生创新创业训练计划项目立项申报工作。大学生创新创业训练计划是教育部为提升高校人才培养质量、转变教育思想观念、改革人才培养模式、增强学生的创新创业能力和在创新基础上的创业能力，从而面向在校在大学生开展的创新创业训练计划项目。

二、活动内容

（一）立项范围

大学生创新创业训练立项项目选题应遵循内容真实、健康、合法的原则，要求思路新颖、目标明确，具有较高的创新性和探索性，重点支持项目团队围绕以下方向选题立项。

1. 本省重点发展的行业领域

互联网、大数据、人工智能与实体经济深度融合方向，如生物医药、云计算、机器人和清洁能源装备等新兴产业。旅游养老健康体育文化产业方向，如冰雪体育运动、特色文化产品开发、移动多媒体、数字电影、数字出版等新型文化业态。优质高效农业、食品和农副产品加工业、绿色农产品、林产品深加工，农产品营销等优势产业方向。

2. "互联网+"行业领域

推进5G、移动互联网、云计算、大数据、人工智能、物联网等新一代信息技术与社会各领域紧密结合，促进新产品、新服务、新业态、新模式的研究与实践；发挥互联网在促进产业升级以及信息化和工业化深度融合中的作用，促进制造业、农业、能源、环保等产业转型升级的研究和实践；发挥互联网在社会服务中的作用，创新网络化服务模式，促进互联网与教育、医疗、交通、金融、消费生活等深度融合的研究和实践。

3. 精准扶贫和乡村振兴相关领域

深入落实习近平总书记给中国"互联网+"大学生创新创业大赛"青年红色筑梦之旅"大学生重要回信精神，鼓励大学生依托高校的智力、技术和项目资源辐射到广大农村地区，从质量兴农、绿色兴农、科技兴农、电商兴农、教育兴农等多个方面进行研究和实践，推动当地社会经济建设，助力精准扶贫和乡村振兴。

（二）立项级别

普通高校大学生创新创业训练计划项目立项级别分为省级重点项目、省级一般项目和省级指导项目。

（三）立项类别

大学生创新创业训练计划申报项目分为创新训练项目（A类）、创业训练项目（B类）和创业实践项目（C类）三类。

1. 创新训练项目（A类）

大学生个人或团队在导师指导下，基于"互联网+"的痛点思维、趋势思维、迭代思维、跨界思维、整合思维，结合专业所学将奇思妙想应用到新技术、新模式、新业态、新领域之中，自主完成创新性研究项目设计、研究条件准备和项目实施、研究报告撰写、成果（学术）交流等项目训练。

2. 创业训练项目（B类）

大学生团队在导师指导下，基于发现的经济社会痛点问题、形成的新技术产品、改进的商业模式，通过完成商业计划书编制、开展可行性研究、模拟企业运行、参加企业实践、撰写创业报告等训练形式，让团队中每个学生在项目实施过程中扮演一个或多个具体的角色。

3. 创业实践项目（C类）

大学生团队在学校导师和企业导师共同指导下，基于前期创新训练项目（或创新性实验）、创业训练项目的成果，开发具有市场前景的创新性产品或者服务，结合中国"互联网+"大学生创新创业大赛等国家品牌赛事活动的验证与打磨，最终形成创新型企业并以应用到社会为目标而开展的创业实践活动。

（四）申报要求

全日制本科学生均可申请"大学生创新创业训练计划"，学生须在毕业前完成项目结题工作。

（1）学院鼓励学科交叉融合以及跨学院、跨专业、跨年级联合申报。团队实行项目负责人负责制，团队成员一般不超过5人。申请者要品学兼优、学有余力，有较强的独立思考能力和创新意识，对科学研究、科技活动或社会实践有浓厚的兴趣，具备从事创新创业训练的基本素质和能力。

（2）项目申请者主要面向大一至大三学生。每人限主持一个项目,不得在不同项目之间交叉申报。正在主持计划项目的学生不能再主持申报新项目。

（3）项目申请者需选择一名相关学科的教师作为指导教师。项目指导教师应遴选责任心强、学术水平高、学风正派、治学严谨的教学科研人员。指导教师需具备讲师及以上职称或硕士及以上学位。其中创新训练项目的指导教师1名,创业训练和创业实践项目的指导教师可以是2名。

三、活动流程

（一）各分院初审

各分院依据推荐立项最低名额指标和项目选题范围,组织开展本学院各级各类项目立项申报工作。分院需组织专家对所有申报项目进行评审,评审采用答辩的方式进行,核定成绩,并进行排序。评审标准参考学院大学生创新创业项目评审标准。

（二）学校评审

学校根据评审标准,将所有项目按成绩高低排序,确定拟推荐立项国家级和省级项目,最后对拟推荐立项项目进行公示,公示后上报省教育厅。

★ 活动材料参考

1. 活动评审标准

大学生创新创业训练计划项目评分标准

指标	等级标准			
	A(20分)	B(15~19分)	C(10~14分)	D(3~9分)
选题价值 (20分)	选题具有重要研究意义和近期应用前景	选题有较大的研究和改革意义,能解决现实问题	有一定研究意义,有应用前景	研究意义不大,应用前景不明显
研究内容 (20分)	范围合适,重点突出,关键问题选择准确	基本合适,关键问题选择较准确	不够合适,只抓住了部分关键问题	不合适,没有抓住关键问题
工作基础 (20分)	是原有改革的进一步深入和创新	有一定相关工作的积累,基础较好	做过类似工作,基础一般	没有这方面的工作基础
实施方案 (20分)	科学、先进、可行且有创新	先进,可行	可行	难以实行
创新点 (20分)	项目特色鲜明,有很大创新性	有一定特色和创新点	创新点不够明确,受益面小	无创新点

2. 选题样例

土木类线上教育 APP 研究开发项目

项目简介：此 APP 主要面向土木工程专业学生展开，在下载并完成注册后，每位用户会得到一定的初始积分。学生在学习过程中，遇到不会的题目可以发布在 APP 上，并设置一定的悬赏金额。APP 致力于减轻学生作业难题、缓解教师压力，为大学生勤工俭学提供平台。该平台设立多个专区，其中包括一对一线上教学区、悬赏答疑区、学术讨论区、独立实验室、线上自习（待开发）等，可以有效提高学生对专业知识的掌握。

项目实施的目的、意义：本项目致力于解决广大学生作业难题、学习难题，提供一对一在线辅导，解决学生在土木工程专业遇到的各种问题，十分高效。拿出手机上传问题就可以得到答案和讲解，并且可与教师在线讨论。拥有自己独家的线上实验室，更加方便快捷地浏览实验过程，得出结论。实现在家补习，节省成本，不用打印诸多的纸张。

项目预期成果及说明：此 APP 预期成为土木工程专业的优秀指导软件，专门培养掌握土木工程学科的基本理论知识，能在房屋建筑、地下建筑、道路、隧道、桥梁建筑、水电站、港口及近海结构与设施工作的人员。掌握工程力学、流体力学、岩土力学、工程地质学和工程制图的基本理论与基本知识，掌握建筑材料、结构计算、构件设计、地基处理、给水排水工程和计算机应用方面的基本知识、原理、方法与技能，初步具有从事土建结构工程的设计与研究工作的能力，掌握建筑机械、电工学、工程测量、施工技术与施工组织、工程监测、工程概预算以及工程招标等方面的基本知识和技能，初步具有从事工程施工、管理和研究工作的能力。

此 APP 为更多对土木工程专业有兴趣的学生和工作人员提供良好快捷的了解途径，并吸取更多专业人士的指导，不断创新，不断优化，加强普及度。

（选自哈尔滨远东理工学院 2020 年大学生创新创业训练省级重点项目）

思考与练习

◎ 选定创新创业训练项目，填写创新创业训练计划项目申请表。

黑龙江省大学生创新创业训练计划项目立项申请书

项目名称			
所在院（系）		所属学科	
起止时间		使用实验室	
项目性质	□发明、设计　□基础性研究　□应用性研究　□社会调研		
项目来源	□自主立题　□教师指导选题		

续表

项目负责人（一）	姓名	学号	年级	身份证号
	所在院系/专业		联系方式	
			手机：	邮箱：

项目负责人（二）	姓名	学号	年级	身份证号
	所在院系/专业		联系方式	
			手机：	邮箱：

项目组成员	姓名	学号	年级	所在院系/专业

指导教师	姓名	职称/职务	身份证号
	所在院系/专业	联系方式	
	手机：	邮箱：	

一、项目简介（200字以内）

二、项目实施的目的、意义

三、项目研究现状与分析

续表

四、项目研究内容和目标

五、项目技术路线(方法)与进度

六、项目预期成果及说明

七、项目经费使用情况

支出科目	金额	备注

续表

支出科目	金额	备注
合计		

八、审批意见

指导教师意见	指导教师签字： 年　月　日
学校专家组意见	专家组长签字： 年　月　日
学校审核意见	学校负责人签字： 盖章： 年　月　日

续表

教育厅
　　审核意见

　　　　　　　　　　　　　　　　　　　　　　　　　　　盖　章：
　　　　　　　　　　　　　　　　　　　　　　　　　　　年　月　日

活动二："互联网+"大学生创新创业大赛

一、实践目标

互联网思维就是在"互联网+"、大数据、云计算等不断创新发展的背景下，对市场、用户、企业价值链乃至整个商业生态系统进行重新审视的思考方式。大学生应掌握这种商业民主化思维、用户至上的思维，在大学期间参加"互联网+"创新创业大赛，锻炼其创新思维与能力。

二、活动内容

（一）参赛项目类型

1．"互联网+现代农业"，包括农林牧渔等。

2．"互联网+制造业"，包括先进制造、智能硬件、工业自动化、生物医药、节能环保、新材料等。

3．"互联网+信息技术服务"，包括人工智能技术、物联网技术、网络空间安全技术、大数据、云计算、工具软件、社交网络、媒体门户、企业服务、下一代通信技术、区块链等。

4．"互联网+文化创意服务"，包括广播影视、设计服务、文化艺术、旅游休闲、艺术品交易、广告会展、动漫娱乐、体育竞技等。

5．"互联网+社会服务"，包括电子商务、消费生活、金融、财经法务、房产家居、高效物流、教育培训、医疗健康、交通、人力资源服务等。

参赛项目不只限于"互联网+"项目，鼓励各类创新创业项目参赛，根据行业背景选择相应类型。

(二)参赛方式和要求

1. 以团队为单位报名参赛。允许跨校组建团队,每个团队的参赛成员不少于3人,原则上不多于15人(含团队负责人),必须为项目的实际核心成员。参赛团队所报创业项目必须为本团队策划或经营的项目,不得借用他人项目参赛。

2. 根据参赛团队负责人的学籍或学历确定参赛团队所代表的参赛学校,按照参赛学校所在的国家和地区,分为中国内地(大陆)参赛项目和港澳台地区参赛项目、国际参赛项目三类。中国港澳台地区参赛项目和国际参赛项目可根据当地教育情况,适当调整学籍和学历的相关参赛要求。

3. 所有参赛材料和现场答辩原则上使用汉语或英语,如有其他语言需求,请联系大赛组委会。

4. 参赛项目不得含有任何违反《中华人民共和国宪法》及其他法律、法规的内容,必须尊重中国文化,符合公序良俗。

(三)参赛组别和对象

根据参赛项目所处的创业阶段、已获投资情况和项目特点,分为创意组、初创组、成长组、师生共创组。具体参赛条件如下。

1. 创意组

参赛项目具有较好的创意和较为成型的产品原型或服务模式,在2020年5月31日(以下时间均包含当日)前尚未完成工商登记注册,并符合以下条件:

参赛申报人须为团队负责人,须为普通高等学校在校生(可为本专科生、研究生,不含在职生)。学校科技成果转化项目不能参加创意组(科技成果的完成人、所有人中参赛申报人排名第一的除外)。

2. 初创组

参赛项目工商登记注册未满3年(2017年3月1日后注册),且获机构或个人股权投资不超过1轮次,并符合以下条件:

参赛申报人须为初创企业法人代表,须为普通高等学校在校生(可为本专科生、研究生,不含在职生),或毕业5年以内的毕业生(2015年之后毕业的本专科生、研究生,不含在职生)。企业法人代表在大赛通知发布之日后进行变更的不予认可。初创组项目的股权结构中,参赛企业法人代表的股权不得少于10%,参赛成员股权合计不得少于1/3。学校科技成果转化项目(不含基于国家级重大、重点科研项目的科研成果转化项目)可以参加初创组,允许将拥有科研成果的教师的股权与学生所持股权合并计算,合并计算的股权不得少于51%(学生团队所持股权比例不得低于26%)。

3. 成长组

参赛项目工商登记注册3年以上(2017年3月1日前注册);或工商登记注册未满3

年(2017年3月1日后注册),获机构或个人股权投资2轮次以上(含2轮次),并符合以下条件:

参赛申报人须为企业法人代表,须为普通高等学校在校生(可为本专科生、研究生,不含在职生),或毕业5年以内的毕业生(2015年之后毕业的本专科生、研究生,不含在职生)。企业法人代表在大赛通知发布之日后进行变更的不予认可。成长组项目的股权结构中,参赛企业法人代表的股权不得少于10%,参赛成员股权合计不得少于1/3。学校科技成果转化项目(不含基于国家级重大、重点科研项目的科研成果转化项目)可以参加成长组,允许将拥有科研成果的教师的股权与学生所持股权合并计算,合并计算的股权不得少于51%(学生团队所持股权比例不得低于26%)。

4. 师生共创组

基于国家级重大、重点科研项目的科研成果转化项目,或者教师与学生共同参与创业且教师所占权重比例大于学生(如已注册成立公司,教师持股比例大于学生)的项目参加师生共创组进行比赛,并符合以下条件:

参赛项目如已注册成立公司,公司注册年限不得超过5年(2015年3月1日后注册),师生均可为公司法人代表。企业法人代表在大赛通知发布之日后进行变更的不予认可。股权结构中,师生股权合并计算不低于51%,且学生参赛成员合计股份不低于10%。参赛申报人须为普通高等学校在校生(可为本专科生、研究生,不含在职生),或毕业5年以内的毕业生(2015年之后毕业的本专科生、研究生,不含在职生)。参赛项目中的教师须为高校在编教师(2020年6月1日前正式入职)。

(四)比赛赛制

中国内地(大陆)参赛项目采用校级初赛、省级复赛、全国总决赛三级赛制。校级初赛由各校负责组织,省级复赛由各地负责组织,全国总决赛由各地按照大赛组委会确定的配额择优遴选推荐项目。大赛组委会将综合考虑各地报名团队数、参赛院校数和创新创业教育工作情况等因素分配全国总决赛名额,每所高校入选全国总决赛项目总数不超过4个。全国共产生600个项目入围全国总决赛高教主赛道,通过网上评审,产生150个项目进入全国总决赛现场比赛。中国港澳台地区参赛项目通过当地合办赛伙伴选送全国总决赛,通过网上评审,产生20个项目进入全国总决赛现场比赛。

国际参赛项目通过驻外使领馆面向全球征集、合办赛伙伴征集选送、国内高校发动,共产生400个项目入围全国总决赛高教主赛道,通过网上评审,产生100个项目进入全国总决赛现场比赛。

中国内地(大陆)参赛项目和港澳台地区参赛项目、国际参赛项目同场参加全国总决赛现场比赛,统一打分,分类排名。

三、活动流程

1. 官网报名:学校所有参赛团队必须在赛事官网进行正式网报。参赛团队登录"全国大学生创业服务网"(cy.ncss.cn)或微信公众号("全国大学生创业服务网"或"中国'互联网+'大学生创新创业大赛")选择任一方式进行报名。参赛团队可在"全国大学生创业服务网"(cy.ncss.cn)资料下载板块下载学生操作手册指导报名参赛。

2. 各二级学院参赛人数不得少于本学院在校生人数的10%,上一年度省级以上的创业训练、创业实践立项项目必须申报参加省级赛事,省赛成绩将作为项目重要的结题依据。

3. 各院评比:各院根据本院学生上报项目组织评比,按照指定名额选出参加校赛的队伍并填写报名表报送双创教育学院,各院上报名额数参见本文件附件。

★ 活动材料参考

选题样例

游龙数字文创设计工作室创业计划书

一、企业概况

主要经营范围:工艺品、艺术品、家装饰品制造、创作及其延伸文创产品的销售;咨询服务。

企业类型:(1)生产制造;(2)零售;(3)批发;(4)服务;(5)农业;(6)新型产业;(7)传统产业;(8)其他。

二、国内研究现状

消费者往往通过购买旅游产品作为纪念。我国对于文创产品的形式和形态做了规定,并明确提出了发展文创产业的主要任务。这一举措标志着文创产业已经进入了一个新的发展阶段,国家还对此进行了新的布局。随着移动互联网、大数据、云计算和物联网等新技术的深入应用,文创产业日益走向数字化、移动化、场景化和体验化。2018年4月,腾讯新文创生态大会提出"新文创"概念,标志着新文创时代的开启,这也意味着更广泛的主体将参与到文化创意生产的过程中,共同推动文化价值和产业价值的相互赋能。在当下,数字化背景下旅游文创产品发展蕴含着巨大的经济效益。

三、主要观点及创新之处

伴随着新技术对文化创意产业创新驱动力度的加大,互联网成为重新分配话语权、受众发声以及文化再生产的载体,塑造了更加公开、平等的体制机制以及丰富、多元化和高参与度的文化生态。针对上述论断,本课题提出如下创新观点:旅游产品价值的核心要素是文化创意表现特性的展现,数字化的表现形式又是旅游产品设计得以丰富的良好借鉴和创意源泉。黑龙江旅游文创产品的数字化与文创产业的创新,首先体现在其跨学科的研究领域的创新。对文化旅游遗产的保护与传承,传统科研领域更关注单一的数字化采集与保存,对于其跨学科的创新性的应用及产业化的意义认识不足。信息时代的艺术设计与信息交互体验创新,在文化旅游产品的数字化领域将会有更好的结合点,必将成为一个符合时代特征又极具活力的重要发展方向。

（一）目标顾客描述

游龙数字文创设计工作室的目标顾客分为三类：

(1)单体顾客：指购买商品或服务，以满足居住和提高生活质量的人群，是主要服务对象。其特征是个性化的少量购买。

(2)团体顾客：指购买商品或服务，以满足营业需求的顾客（如饭店、宾馆）和销售需求的经销商（含海外顾客）。其特征是个性化设计的成批购买和来样生产。

(3)特殊顾客：指购买服务范围内的，以满足生产组织、品质控制等需求的顾客（个人或企业）。

团体顾客和特殊顾客在实际运作中是稳定的，其销售额有足够的上升空间。

（二）市场容量的变化趋势

我国家居饰品市场的现状是：大多数中小城市家饰类专营店几乎完全空白，为数极少的商场专柜又存在品种单一、价格昂贵等弊端。我国家居饰品市场需要品牌化、专卖化、规范化、产业化的品牌来引领市场。

四、盈利情况分析

所需资金：10万元

开业成本：5万元

营业面积：50~80平方米

员工工资：6~10人，5 000元左右

流动资金：2万元

月盈利：2万元左右

五、地址选择

游龙数字文创设计工作室的理想选址一般在新建成的居民住宅区、建材市场或大型居住区的聚集地。

（选自哈尔滨远东理工学院2020年"互联网＋"大学生创新创业大赛省级复赛银奖获奖项目）

思考与练习

◎选定创新创业训练项目，撰写创业计划书。

第五章 创新创业 时代最强音

创业计划书

项目名称		
项目概述		
企业类型		
市场评估	顾客描述	
	竞争对手	
	市场占有率	
风险评估		
成本预算		
盈利预期		

第六章
Chapter 6

职前就业准备

> 【学习目标】
> 通过对本章内容的学习,大学生可以全面审视自我,总结个人经历,合理地撰写自己的简历;通过对职场形象学习,大学生可以修炼自我内在气质,塑造职业化的形象;而学习面试技巧与方法的学习则有助于大学生增强面试的信心,提升就业成功率。

第一节 简历制作与职业生涯发展

机遇只偏爱那种有准备的头脑。

——巴斯德

进入大学的第三年,我们已经具备了职业所需要的专业知识和技能,现在面临的现实就是求职与就业。我们对即将开启的职业生涯既陌生又好奇,就如同三年前我们站在大学的校门口,对未知的生活充满期待。我们要在求职前做好充分的求职准备,明确求职方向,制作符合自己职业生涯目标的求职简历,从而提升求职成功率。

一、简历的概述

简历,顾名思义,就是对个人学历、经历、特长、爱好及其他有关情况所做的简明扼要的书面介绍。简历是个人形象,包括资历与能力的书面表述,对于求职者而言,是必不可少的一种应用文。

简历是用于应聘的书面交流材料,它向未来的雇主表明我们拥有能够满足特定工作要求的技能、态度、资质和资信。成功的简历就是一件营销利器。

简历的内容包括以下部分:

第一部分:个人基本情况。应列出自己的姓名、性别、年龄、籍贯、政治面貌、学校、院系别及专业,婚姻状况、健康状况、爱好与兴趣、家庭住址、电话号码等。

第二部分:学历情况。应写明曾在××学校、××专业学习,以及起止时间,并列出在学校和班级所担任的职务、在校期间所获得的各种奖励和荣誉。

第三部分：工作资历情况。若有工作经验，最好详细列明，首先列出最近的资料，后详述曾工作单位、工作时间、职位、工作性质。

第四部分：求职意向。即求职目标或个人期望的工作职位，表明我们通过求职希望得到什么样的职位，以及我们的奋斗目标，可以和个人特长等合写在一起。

（一）简历制作

1. 时序型

时序型格式的简历能够演示出持续和向上的职业成长全过程。它是通过强调工作经历实现这一点的。时序型格式以渐进的顺序罗列出我们曾就职的情况，从最近的职位开始，再回溯。其特点是在罗列出的每一项职位下，要说明我们的责任、该职位所需要的技能以及突出的成就。这种格式关注的焦点在于时间、工作持续期、成长与进步以及成就。

2. 功能型

功能型格式在简历的一开始就强调技能、能力、自信、资质及成就，但是并不把这些内容与某个特定雇主联系在一起。职务、在职时间和工作经历不作为重点以便突出强化个人的资质。这种格式关注的焦点完全在于我们所做的事情，而不在于这些事情是在什么时候和什么地方做的。

功能型格式的问题在于一些招聘人员有所顾虑，他们似乎默认这种格式是那些存在问题的求职者所用：频繁跳槽者、大龄工人、改变职业者、有就业记录空白或者存在学术性技能缺陷的人以及经验不足者。一些招聘人员认为，如果求职者没有以时序方式列出其工作经历，那么其中必有原因，而且这种原因值得深究。

3. 综合型

这种格式提供了最佳选择——首先扼要地介绍我们的市场价值（功能型格式），随即列出我们的工作经历（时序型格式）。这种强有力的表达方式首先迎合了招聘的准则和要求——推销我们的资历和资质，并且通过专门突显能够满足潜在行业和雇主需要的工作经历来加以支持。而随后的工作经历部分则提供了曾就职的每项职位的准确信息，它直接支持了功能部分的内容。

这种综合型格式很受招聘机构的欢迎。事实上，它既强化了时序型格式的功能，同时又避免了使用功能型格式而招致的顾虑。当功能部分信息充实，有招聘人员感兴趣的材料而且工作经历部分的内容又能够强有力地作为佐证加以支持时，尤为如此。

4. 履历型

履历型格式的使用者大多数是专业技术人员或者是那些应聘的职位仅仅需要罗列出能够表现求职者价值的资信。例如医生就是使用履历型格式的典型职业。在履历型格式中无需其他，只要罗列出资信情况，如就读的医学院、住院实习情况、实习期、专业组织成员资格、就职的医院、公开演讲场合以及发表的著作。

5. 图谱型

图谱型格式是一种与传统格式截然不同的简历格式。传统的简历写作只需要运用我们的左脑，我们的思路限定于理性、分析、逻辑以及传统的方式。而使用图谱型格式我们还需要开动右脑，简历也就更加充满活力。

（二）简历制作原则

1. 十秒钟原则

就业专家认为，一般情况下，简历的长度以 A4 纸 1 页为限，简历越长，被认真阅读的可能性越小。高端人才有时可准备 2 页以上的简历，但也需要在简历的开头部分有资历概述。

2. 清晰原则

清晰的目的就是要便于阅读。就像是制作一份平面广告作品一样，简历排版时需要综合考虑字体大小、行和段的间距、重点内容的突出等因素。

3. 真实性原则

不要试图编造工作经历或者业绩。

4. 针对性原则

假如某公司要求具备相关行业经验和良好的销售业绩，我们在简历中清楚地陈述了有关的经历和事实，并且把它们放在突出的位置，这就是针对性。

5. 价值性原则

使用语言力求平实、客观、精炼，篇幅视工作所限为 1~2 页，工作年限 5 年以下，通常以 1 页为宜；工作年限在 5 年以上，通常为 2 页。注意提供能够证明工作业绩的量化数据，同时提供能够提高职业含金量的成功经历。独有经历一定要保留，如著名公司从业、参与著名培训会议论坛、与著名人物接触的经历，将最闪光的突显出来即可。

6. 条理性原则

要将公司可能雇用我们的理由，用自己过去的经历有条理地表达出来。个人基本资料、工作经历（包括职责和业绩）、教育与培训这三部分为重点内容，其次重要的是职业目标、核心技能、背景概论、语言与计算机能力、奖励和荣誉。

7. 客观性原则

简历上应提供客观的证明或者佐证资历、能力的事实和数据。另外，简历要避免使用第一人称"我"。

8. 附件性原则

要尽量提供个人简历中提到的业绩和能力的证明资料，并作为附件附在个人简历的后面。一定要记住是复印件，不要寄原件给招聘单位，以防丢失。

9. 积极性原则

一定要用积极的语言，切忌用缺乏自信和消极的语言写个人简历。最好的方法是在我们心情好的时候撰写个人简历。

【资料】

常规简历模板

姓名		性别		民族		照片
出生年月		身高		政治面貌		
学历		学制		健康情况		
所学专业				手机		
电子邮箱				通讯地址		
外语水平				计算机水平		

所学主要课程	
教育背景	
荣获证书	
社会实践及成果	
个人能力	
求职意向	
个人评价	

【拓展阅读】

网络求职简历的投递技巧

妙招一：收件人邮箱最好是人事招聘专用邮箱而不是单位公共邮箱

网络求职简历投递一般有两种方式：网上提交和邮件发送。如果你已在登录的招聘网站提交过与应聘职位相匹配的简历，那么建议你直接点击"申请职位"，通过网站递交简历，这样HR能及时收到你的简历，而不会被当作垃圾邮件删除，而且对你应聘的职位一目了然。

如果是邮件投递,你会从哪里获取邮箱地址?有的同学会从人事招聘公告中寻找邮箱,也有的同学会从招聘单位的官网"联系我们"栏目中查找邮箱。显而易见,人事招聘邮箱更好,可以确保 HR 能收到你的邮件,而不是通过办公室转发后才能看到。网站提交优于邮件投递,专用招聘邮箱优于办公室邮箱。

妙招二:邮件主题要开门见山主旨明确

在发送邮件时,如果你发邮件时没有主动添加主题,系统可能会提醒你是否需要主题。在投递简历的邮件中记得添加主题,这样可以确保 HR 在打开邮箱浏览新邮件时就能读到邮件的内容。这一点非常重要!如果没有主题,HR 可能都不会打开你的邮件。在撰写邮件主题时,切记要表明自己的求职意向,并适当体现求职者的个人信息,比如"××学校××专业本科生应聘××公司××岗位",或者"××岗位的应聘简历",以此引起 HR 的注意。

妙招三:邮件称谓要精准

你在写邮件时,会在正文中加上称谓吗?很多同学忽视了这一点,直接就是"这是我的求职简历,请查收"。稍有心的同学会以"尊敬的领导,您好"开头,以示尊重。但这还不够。如果你在邮件正文能以"尊敬的××单位人事部李经理,您好"开头,说明真的做过工作了。这个信息从哪儿来呢?一是招聘公告,一般会有联系人;二是从应聘单位的官网,找到人事部或者负责招聘的部门。当然,还有其他办法可以了解到负责招聘的是谁。谨记:正文中加称谓,要有具体性、明确性和指向性。

妙招四:邮件中的简历要简明扼要、重点突出

据粗略统计,一个相对资深的 HR 每天看上百份的简历,看一份简历一般不超过 2 分钟。所以,你的简历要简明扼要、重点突出。尽可能把你的简历控制在 1~2 页左右,把重点的内容,即 HR 关注的内容摆在突出的位置,比如专业、实习实践经历、项目经历等,让 HR 可以快速捕捉到你的特质。

妙招五:简历放在正文而不是附件

你在发送求职简历时,会把简历作为附件发送还是放在正文?从 HR 通过邮件看简历的习惯来看,在打开邮件的第一时间就能看到,就不会下载后再去打开简历。所以,一些招聘单位不喜欢接收附件文件。网上求职通过电子邮件发简历的,可以用文本格式在正文中体现,但表格之类的就很难处理。这时需要你把原有的简历进行文字转换,尽可能少用图表。当然,你也可以设计成 PDF 的格式,直接粘贴。但要注意,不要用浓重的背景或底纹。

(节选自安徽师范大学就业服务网)

二、确定发展方向

我们要先确认自身的发展方向再去将几种发展可能性进行比较和选择。以下是常见的几种毕业生发展渠道:

（一）升学深造

就是我们通常所说的"考研"。攻读硕士研究生能够更进一步提升我们的专业能力，打开学术视野，增强择业优势。因此，对于有更高学术和择业要求的学生来说，考研是很好的选择。近几年考研人数连年增加，屡创新高，考研人数继 2019 年达到 290 万之后，2020 年首次突破 300 万人，达到 341 万人，可见有相当多的大学毕业生选择了升学考研这样的发展路径。

（二）为人民服务——公职机关招录

参加公务员考试，成为国家公职机关的一员，实现为人民服务的理想，同时也是实现就业的一个途径。公务员考试是公务员主管部门组织的担任主任科员以下及其他相当职务层次的非领导职务公务员的录用考试。

除公务员考试外，还有事业单位考试，同样属于公职机关招录考试。事业单位考试又称事业编制考试，这项工作由各用人单位的人事部门委托省级和地级市的人事厅局所属人事考试中心，由考试中心命题和组织报名、考试并交用人单位成绩名单，部分单位自行命题组织实施。

（三）项目生就业

在求职季，我们参加各种考试、阅读招考简章时总会出现这样一个词——项目生。这里的项目是指参加"选聘高校毕业生到村任职""三支一扶计划""大学生志愿服务西部计划""农村义务教育阶段学校教师特设岗位计划""村村大学生计划"（黑龙江省）且服务期满的普通高等学校毕业生。项目生的考核和选拔有固定的规章制度，享受国家规定的工资待遇和优惠政策。

（四）应征入伍

应征入伍是指部队每年从应届高校毕业生中征收义务兵。经国务院、中央军委批准，自 2020 年起，将义务兵征集由一年一次征兵一次退役，调整为一年两次征兵两次退役，征兵时间分为上半年和下半年两次，上半年征兵从 2 月中旬开始，3 月底结束，新兵批准入伍时间为 3 月 1 日；下半年征兵从 8 月中旬开始，9 月底结束，新兵批准入伍时间为 9 月 1 日。按照《中华人民共和国兵役法》规定，义务兵服现役的期限为 2 年，士兵退役时间对应其批准服现役时间。征集时间调整改革后，征集新兵总量与往年相比保持稳定，征集的条件、标准、程序和相关政策不变，征集对象仍以大学生为重点。上半年征兵重点征集各级各类院校往届毕业生、高职高专毕业班学生和各类社会技能人才，下半年征兵重点征集各级各类院校应届毕业生、在校生和新生，着眼为优秀青年应征入伍提供均等机会。改革后，实行全域同步征集，即全国所有省、市、县都将同步组织两次征兵，征集任务数较少的县（市、区），可由所在地市统一组织，或以相邻县（市、区）为单位划片集中组织。

全国征兵网（http://www.gfbzb.gov.cn）是国防部征兵办公室指定的唯一官方网上应征平台，具有办理兵役登记、接受应征报名、开展政策咨询、查询个人信息、受理监督举报等功能，2020年1月10日起全年开通运行。

（五）专业对口就业

专业对口就业一直是广大毕业生最普遍也是最期待的就业方式。对口就业不仅能够将大学所学的专业知识更好地应用到工作实践中去，还能节省职场适应时间，使智力投资结构和智力投资宏观经济效益增大，也使我国人才结构得到合理的优化，增加专业对口就业率，分配更加科学和公平，社会发展层次更合理。

到专业对口的工作岗位就业，要掌握扎实的专业基础知识和基本技能，最好是能在专业实习过程中积累一定的工作经验，以便尽快适应工作岗位的需求。

（六）自主创业或合伙人创业

成功的、高质量的创业可以带来无限的发展机遇，创造许多新的就业岗位，甚至产生新的行业。随着新一代信息技术带来的知识获取、知识交互的便易性，众创空间的主体也由原来的企业、科学家变为普通大众。普通大众既是需求者也是创新者，他们既是追求卓越的技术创新者，也是拥有创业情怀的社会创新者。

一直以来，创业对大学生具有相当大的吸引力。我国非常关注大学生的创业和创新，在大学阶段就开设了创新创业的课程，举办了全国性的创新创业大赛以推动大学生的创业和创新；在大学生就业方面，更是推出了一系列政策支持和鼓励大学生创业。

【课堂活动】

除了以上提到的就业方式，想一想还有哪些就业的方式或渠道？

三、获得就业信息

在了解了常见的几种就业方式后，迅速掌握准确、有效的就业信息能让我们在信息时代先行一步。那么面对就业，我们该如何获取这些信息呢？

（一）本校就业部门的信息公布

本校信息公布是最为常见和普遍的方式，是广大毕业生获取就业信息最直接的来源。一般由学校就业部门负责收集和审核招聘单位相关信息并予以公布。由于很多单位对高校近似于定向招人，所以这类信息一般有效性较好，且部分院校对这类信息实行严格的核实制度，信息准确度较好，经过审核后予以公布的企业资质较有保障，可以保障较高的信息质量。

(二) 就业网站

目前,大多数毕业生求职的信息来源于网络信息,这类信息的特点是查找方便、更新速度快。但是信息量比较大,需要求职者有一定的筛选能力。由于信息过于公开透明,面试成功率不是很高,而且存在部分企业为了广告需要长期招人的现象。广大毕业生应予以注意,并对信息加以筛选和甄别。

(三) 双选会(供需见面会)

双选会这类活动一般是由高校、社会机构、用人单位举办的,由于双方能够直接面对面地交流,所以信息时效性、真实性较高,成功率也较高。一般于每年 11~12 月、3~4 月在各高校举行,每年年底各大城市也有相应的大型双选会举办。双选会的信息会在各高校就业网及应届生求职网上发布。参加双选会需要带个人简历、自荐信、毕业生推荐表、三方协议、各种获奖证书等。需要注意的是,在双选会上,求职的学生很多,面对海量的就业推荐材料,用人单位往往认为可供选择的人才很多,一般不会当场做出决定,而是把材料拿回单位进行筛选。由于举办地点的限制,所以面向的人群有限,异地或时间不够充裕的求职者机会不好掌握。

(四) 政府就业指导机构

政府就业指导机构也会通过各类形式的宣传及政策引导发布部分用人信息。这类信息对于当地生源具有很好的应用价值,但是信息发布不规律,没有固定的更新发布时间,所以需要求职者随时关注平台信息更新,对于时间不够充裕的求职者来说往往不好把握。

(五) 社会机构

包括职业中介、猎头公司等,也会发布一些就业信息。这类信息一般针对在职人员较多,但是也有部分信息针对应届毕业生。由于这类机构大多是以盈利为目的的,所以求职者一定要慎重。

(六) 实习、实践过程

一般高校学生普遍都会有部分实习实践的机会,如果能够好好利用这个机会了解用人单位、适应用人单位,并有针对性地提高自己,获得职位的机会较大。这样既能够实现专业对口就业,也能够将实习期间所积累的经验直接应用到今后的工作中,大大节省了求职的时间和精力支出。

（七）社会关系

社会关系在众多求职信息渠道中较为不好把握，但却是一个很有效的渠道。社会是一个由人际关系组成的网络，如果求职者能够充分利用亲友、校友等关系，收集用人单位信息，其成功率往往较高。

思考与练习

◎制作简历与投递简历的方法有哪些？
◎什么样的简历可以称为精致有效的简历？

第二节　塑造良好的职业形象

对于大三学生来说，大学有着与社会密切接触的平台，而对于即将进入职场的毕业生来说，这一角色转变要运用职场生存艺术。其中，职场礼仪是职场生存的重要基础之一，服饰打扮、举止言谈、气质风度、文明礼貌，无一不影响着一个人的形象，进而决定其前途。因此，掌握一些关于职场礼仪方面的知识对我们以后能够更好地融入职场是十分必要的。

一、职业形象概述

言行举止在职场中又叫职场形象，是我们求职的软实力所在。职场形象即通过衣着打扮、言行举止，反映我们的个性、形象，同时，它也是我们在自我思想、追求抱负、个人价值和人生观等方面，与社会进行沟通并为之接受的方法。形象会给人很深刻的印象，初次的印象被称为第一印象。心理学家研究发现，第一印象3秒可以形成，并且很难改变。如果想提升职业形象，关键是要给人留下良好的第一印象。

（一）仪容仪表

1. 男士仪表

发型：短发为主，头发整洁干净，不染发。
胡须：每日必剃胡须，不留须根。
指甲：指甲干净，不宜过长，常修剪。
鼻子：鼻毛不外露，常修剪。

2. 女士仪表

发型：可以梳精神的短发，长头发的话最好扎起来，切忌披头散发。
妆容：化妆是一种表示重视和礼貌的行为，同时也可以使人看起来更精神。妆容要淡,忌浓妆艳抹。

气质:职业形象要尽量优雅、干练,不能打扮得太过生活化、休闲化。

指甲:干净整洁,不得太长或过为花哨。

3. 服饰

着装要本着 TOP 原则,即 Time,Place,Occasion,注重时间、地点、场合这三个客观因素。着装要与性别、年龄、容貌、肤色、身材等相协调。

女性尽量穿套装,大方、修身、干净利落、干练。饰品不超过三样。忌过分裸露和艳丽。衬衫要挑选适合自己的颜色。丝袜是肉色或黑色的。高跟鞋不宜太过时髦,穿凉鞋也是不妥的。

男性尽量着西装,颜色以黑、灰、蓝色为主,单双排扣子有不同的穿法,扣子也要注意不能完全扣上。衬衫要干净整洁,西装外套的长度要盖住皮带,西裤要板正,不要往裤兜里放鼓鼓的东西,裤子颜色要浅于鞋子的颜色。

4. 姿态

所谓"站有站相,坐有坐相"。职场中个人的举止动作也是有一定要求的。

(1)男士站姿:双脚平行打开,双手握于小腹前或双手置于身侧。当客户、上级或者与自己平级的女职员进入的时候需要站起身来。

(2)女士站姿:双腿靠拢,膝盖伸直,双手握于腹前。

(3)男士坐姿:入座要轻,至少要坐满椅子的 2/3,后背轻靠椅背,双膝自然并拢。如表示尊重和谦虚可以身体前倾。如果长时间端坐,可双腿交叉重叠,但要注意将上面的腿向回收,脚尖向下。

(4)女士坐姿:入座前应先将裙角向前收拢,两脚并拢,也可双脚同时向左或向右放,双手叠放于左右腿上。如果长时间端坐可将两腿交叉重叠,但要注意上面的腿向回收,脚尖向下。

(5)蹲姿:在工作和生活中用得相对不多,但最容易出错。人们在拿取低处的物品或拾起落在地上的东西时,不妨使用下蹲和屈膝的动作,这样可以避免弯曲上身和撅起臀部。

5. 表情

友好,适时,真诚。时常面带笑容。

眼神:向下表示权威,平视表示平等交流和尊重,仰视表示服从。

体态:不要抱臂,倾听时身体略微前倾。

【课堂活动】

职业形象反思

我的形象优点	我的形象不足
1.	1.
2.	2.
3.	3.
4.	4.

【拓展阅读】

职场礼仪，这些你都知道了吗?

职场礼仪中人们往往容易忽视的是什么呢？

1. 接电话的态度

即便是接一个普通的电话，也要用愉快的声音接听，并且快速响应对方。拿起电话的时候，要主动问好，一句愉快的问候语往往让沟通更为顺畅。当结束电话的时候，同样不要忘记说声再见。

2. 音量的高低

避免噪声和干扰。任何时候，无论是讲话、接电话，还是做其他的事情，都要控制自己讲话的音量。

3. 用餐形象

在公司规定午餐时间里用餐，如果有同事或者客户在你的办公室里，最好不要在办公桌前用餐。不要嘴里一边塞满食物，一边还在大声说笑。

4. 摒弃个人不良习惯

不要将一些个人不良习惯和下意识的动作带到职场上。一些个人习惯自己往往不以为然，比如说咬指甲、抠鼻子。但办公室是一个公共场合，这些不雅的行为会让你的专业形象大打折扣。要避免习惯性拖拉作风，工作时好好表现十分重要。

5. 远离忌讳话题

职场上，要尽量避免谈论和分享有关你的职业抱负和目标的话题。这样的话题会让同事和公司怀疑你的职业忠诚度，影响你的发展前程。此外，还有许多话题属于职场禁忌的范畴，包括个人隐私、健康等话题。不要将工作和个人生活混为一谈，要清楚它们之间的界限。

（节选自搜狐网）

（二）礼仪技巧

1. 电话礼仪

公务电话最好上班时间打,尽量不占用休息的时间;不要随便拨打别人的手机,尤其是下班之后;电话打通了但对方没接,可能是不方便或不愿意接,这时可尝试发短信,有时发短信比直接致电要好。讲电话要有技巧,重要内容要提前准备好,语言要礼貌。

2. 握手礼仪

握手时,年长者先伸手,女士先伸手;握手应该用右手;握手握2/3;握手时不应戴手套,但女士可以戴薄手套;握手3~5秒为宜,一般不超过20秒;力度适中,除非关系深厚,否则不需要太用力。

3. 介绍礼仪

原则是受到尊重的一方享有优先知情权。介绍话语要诚挚,大方。

4. 交换名片

首先,给人递名片态度应该庄重。因为这是在做"自我介绍",较好的做法是用双手递上。其次,要准备好适量的名片。参加社交活动,如果碰到别人给我们递名片,而我们却忘了带名片,即使对方不见怪,客观上也显出我们态度不够诚恳。如果我们同时会见较多的人,名片却带得很少,给了这几位,另外几位就没有了,这也是不合适的。第三,收受别人的名片时态度也要庄重,而且还应该做到尊重对方的名片。合乎礼仪的做法是双手接过对方的名片,然后尽可能仔细地看一遍,并小心收好,再将自己的名片递送给对方,以表示自己很愿意和对方相识。有些人在收受别人的名片时,连看也不看,就往上衣口袋里一塞,或者丢进抽屉里,这种做法显然是不礼貌的。最后,值得注意的是,在递送名片给对方时,应把名片上的内容正朝向收受方,以便于对方阅读名片上的内容。

5. 会议礼仪

手机调成静音;尊重会议精神,认真聆听,不能睡觉打瞌睡。

6. 交谈礼仪

称呼要得当;明确自己的社会角色,同上级交涉要不卑不亢,同下级交涉要避免盛气凌人;语言表达要清晰准确,"差不多""基本上"这一类的话尽量不要使用。如果在商业谈判中,说"差不多",很容易让对方钻空子;语言要得体,不要乱开玩笑,给人以不稳重的印象。

7. 电梯礼仪

陪同客人或长辈来到电梯门前时,先按电梯呼梯按钮。电梯门打开时,若客人不只1人,可先行进入电梯,一手按开门按钮,另一手按住电梯侧门,礼貌地说"请进",请客人们或长辈们进入电梯。进入电梯后,按下客人或长辈要去的楼层按钮。若电梯行进间有其他人员进入,可主动询问要去几楼,帮忙按下。电梯内可视状况是否寒暄,如没有其他人员时可略做寒暄;有外人或其他同事在时,可斟酌是否必要寒暄。电梯内尽量侧身面对客人。到达目的楼层时,一手按住开门按钮,另一手做出请出的动作,可说:"到了,您先请!"客人走出电梯后,自己立刻步出电梯,并热诚地引导行进的方向。

二、职业形象塑造的意义

现代社会中,职场礼仪的重要性日益凸显,它除了可以体现个人的综合素质和修养,在全球化商务竞争中,也将成为企业形象的一部分而日益受到重视。职场礼仪已经基本形成了一种共识和行为规范,学习正规的职场礼仪是进入社会工作时很重要的一步。

职场礼仪是指人们在职业场所中应当遵循的一系列礼仪规范。学会这些礼仪规范,将使我们的职业形象大为改观。对企业而言,礼仪是企业文化的重要组成部分,体现整个企业的人文面貌;对个人而言,良好的礼仪能够树立个人形象,体现专业化;对客户而言,则是享受更高质量的服务,提升对整个商务过程的满意度。如今,职场的竞争不仅是实力的较量,也是个人职场礼仪、职业形象的比拼。了解、掌握并恰当地应用职场礼仪有助于完善和维护职场人的职业形象。成功的职业生涯并不意味着我们要才华横溢,更重要的是在工作中要有一定的职场技巧,用恰当合理的方式与人沟通和交流,这样我们才能在职场中处理好人际关系,赢得别人的尊重和领导的赏识。

三、塑造职业形象的基本方法

(一)培养良好的职业心态

首先,良好的职业心态表现在要有积极主动的责任意识,不以困难为借口,不推诿、不抱怨,专注于解决问题,做好本职工作。其次,要有良好的专业心态,即提升专业能力,学以致用,精益求精。工作的过程是我们积累专业能力、提升自我的一个很好的途径。最后,要有职业操守与道德底线,日常工作中,要从集体利益出发,还要注重个人形象与个人素质的培养。

(二)增强职业适应能力

我们在进入职场后,心理上必然发生变化。实际的工作岗位与想象中的岗位总是有一定差距的。我们要对自己所做出的选择做进一步了解、评定,探索自己的职业发展方向、途径。在职业生涯中,我们还会碰到职业的变动、职业与家庭生活的协调等许多问题。要解决好这些问题,保证个人积极成长,都涉及个体对职业的心理适应问题。

我们要增强自身对职业的适应能力,应培养良好的职业心理素质。首先,我们应对自己的能力、智力、性格等方面有一个客观、准确的了解,并积极进行自我教育,把握与适应周围的环境。其次,我们应对自己将从事的职业进行全面了解,逐步培养自己对职业岗位的认同感,从而积极主动地投入到工作中去。再次,针对自己在职业适应中的不良情绪反应,我们要培养坚强的意志品质予以克服,或采取有效的方法予以疏导。

（三）培养良好的职业角色转换能力

随着社会经济的发展，职业结构也在不断发展变化，人们就业的方式逐渐多元化，而且职业之间的流动、转换日益频繁。无论是地域上的横向流动，还是职业代际流动、个人职业的升降等综合流动都有加剧的趋势。这就要求我们培养良好的职业角色转换能力，以适应新的职业角色要求。从学生角色到职业角色的转换，必然伴随着角色冲突、角色学习和角色协调等一系列过程。因此，我们在开始自己的职业生涯之前，应该学习一些相关的知识，对自我、对社会、对即将从事的职业进行深入细致的了解和调查分析，找出自身的不足，提高心理承受力，加强角色认知，作好上岗前的各项准备，顺利地实现角色转换。

> **思考与练习**
> ◎职业形象的塑造包括哪些要素？
> ◎如何塑造自己的职业形象？

第三节　面试的方法与技巧

求职，简单来说，是用人单位和求职者的双向选择。求职者要做好自我定位，以自己的专业知识、能力与才华打动面试官，赢得岗位。

面试是通过面谈或线上交流（视频、电话）的形式来考察一个人的工作能力与综合素质。面试可以初步判断应聘者能否融入团队。在特定场景下，以面试官对求职者进行交谈和观察为主要手段，由表及里测评求职者的知识、能力、经验和综合素质等有关素质。面试给用人单位和求职者提供了双向交流的机会，使双方之间相互了解，从而更准确地做出聘用与否、受聘与否的决定。

【课堂活动】

以小组为单位，进行求职模拟面试，角色分为求职者1人，面试官5人。面试中明确求职岗位，准备好相关面试问题。

一、面试的目的

一般来说，面试有以下几个目的。
（1）考核求职者的动机与工作期望。
（2）考核求职者仪表、性格、知识、能力、经验等特征。

（3）考核求职者笔试中难以获得的信息。

二、面试的形式

面试有很多形式，依据面试的内容与要求，大致可以分为以下几种。

1. 问题式

由招聘者按照事先拟订的提纲对求职者进行发问，其目的在于观察求职者在特殊环境中的表现，考核其知识与业务，判断其解决问题的能力，从而获得有关求职者的第一手资料。

2. 专场式

公司组织专场招聘会，由公司面试代表对多位甚至大量求职者进行海选，从中选出符合公司要求的多位求职者进行之后的面试。此方式适用于求职者的初筛，如校招专场。

3. 压力式

由招聘者有意对求职者施加压力，就某一问题或某一事件做一连串的发问，详细具体且追根问底。此方式主要观察求职者在压力下的应变能力。

4. 随意式

即招聘者与求职者畅所欲言，气氛轻松活跃，双方各抒己见。此方式的目的是于闲聊中观察求职者谈吐、举止、知识、能力、气质和风度，对其做全方位的综合素质考察。

5. 情景式

由招聘者事先设定一个情景，提出一个问题或一项计划，请求职者进入角色模拟完成，其目的在于考核其分析问题、解决问题的能力。

6. 综合式

招聘者通过多种方式考察求职者的综合能力和素质，如用外语与其交谈，或即兴演讲，或要求写一段文字，甚至操作计算机，等等，以考察其外语水平、文字能力、口才表达等。

以上是根据面试种类所做的大致划分，在实际面试过程中，招聘者可能采取一种或同时采取几种面试方式，也可能就某一方面的问题对求职者进行更广泛、更深刻的考察，其目的在于能选拔出优秀的求职者。

三、面试的种类

1. 个人面试

（1）一对一的面试。适用范围：规模小的机构、职位较低。

（2）主试团的面试（多对一）。适用范围：较大机构，如考核公务员，现场打分。

个人面试又称单独面试，指主考官与应聘者单独面谈，是面试中最常见的一种形式。

2. 集体面试

集体面试主要用于考察应试者的人际沟通能力、洞察与把握环境的能力、组织领导能力等。在集体面试中，通常要求应试者做小组讨论，相互协作解决某一问题，或者让应试者轮流担任领导主持会议、发表演说等。无领导小组讨论是最常见的一种集体面试法。

3. 综合面试

综合面试是以上方式的综合，由主考官通过多种方式综合考察应试者多方面的才能。事先定题，以自由交谈相互交融的方式进行。

4. 渐进式面试

面试人太多时，先初次面试即筛选面试，以了解个人背景及谈吐与应对能力为主要目的，然后二次面试、三四次面试，视职位高低而定。

注意：大型公司在招聘员工时都会有一套比较正规的程序。一般来讲，分为五个阶段：简历筛选、笔试、初次面试、高级经理面试和最后的 Offer。

四、面试的准备

通过多种渠道收集、了解参加面试单位的信息，以求"知己知彼，百战不殆"。面试时，尽量保持心态平和，避免紧张、心浮气躁，努力展现自信的微笑。

1. 自我认知

要自信地应对面试，首先要对自己有清楚的认识。

（1）写出几件自己认为可以称得上成功的事情，并逐一分析这些成就，列出最主要的几项技能。

（2）同一件事情，各人有不同的处理方式，这取决于每个人不同的个性。通过分析成就，用一些形容词来归纳自己的性格。

（3）确定与自己的个性、兴趣相符的工作环境。工作环境不仅指具体的环境，更重要的是工作单位的文化背景。

2. 心理准备

面试就好比是一场考试，测试每个人的能力，也测试每个人的心理素质和临场发挥。因此，要成功面试，首先要充满信心。保持良好的状态很重要。其次，要抓住招聘者的心。招聘者可能会对求职者的专业知识、口才、谈话技巧做整体性的考核，也可能会从面谈中了解求职者的性格及人际关系，并从谈话过程中了解求职者的情绪状况、人格成熟度、工作理想、抱负及上进心等。

3. 知识准备

要熟知与应聘岗位相关的专业知识、业务技能等,备好求职材料供招聘者查阅参考。准备当天可能用到的个人资料或作品,携带相关证件,以便在面试过程中进一步向招聘者提供有关自己个人的相关资料。

4. 形象准备

注重仪表形象,要给人端庄、大方的印象;饰品力求自然,戴手表就可以了;尽量不要染发,长发可以扎起马尾或盘起;碎发要固定住,如果时常用手拨弄头发易给人不稳重的印象。男士不要留长发、胡须。

5. 其他注意事项

(1)要以一颗平常心正确对待面试,要做好承受挫折的心理准备。即使面试一时失利,也不要以一次失败论英雄。

(2)面试前做几次深呼吸,心情会平静得多。

(3)面试时,回答问题勿以"我"为中心,过于"自我"表现;观点不同时,语气要平和,可发表不同观点,但切忌争论;语言表达要简明、扼要,避免重复、唠叨、游离主题。当与对方的谈话出现间隔时,不要急不可耐,这样正好给自己留下思考的空间,理清头绪,让对方感觉你是一位沉着冷静的人。

(4)最好不要单刀直入地询问关于薪资的问题。可委婉地说:"请问贵公司的薪金制度与其他公司有何不同呢?"

(5)回答问题时一旦紧张,说话可能结结巴巴或越说越快,这时,最好的办法就是有意放慢自己的说话速度,让字清晰地从嘴里吐出来,速度放慢了,心情也不紧张了;也可加重语尾发音,说得缓慢响亮,用以缓解紧张。

【拓展阅读】

面试考场,这样答,才能让考官眼前一亮

面试在即,来看看如何在面试考场答题,才能让考官眼前一亮。

以一道面试题为例。

"有人说,快递员送件是履行工作职责,不需要对快递员说谢谢,也有人说,收到快递是享受了服务,应该对快递员说谢谢。对此,你怎么看?"这样的面试题既源于生活,又高于生活。对于类似这样很难谈出深刻内核的面试题,很多考生都会从公序良俗的角度来讲"礼貌、素养"等相关内容,想要答出亮点实属不易。

以每组十多个考生粗略计算,如果思考角度不更新,都在考官"意料之中",那么"平

平无奇"的表达很难打动听觉疲劳的考官。若是语言表达上再没有竞争力,那么所能达到也只能是平均分值。平均分对"保守党"考生或许还够用,想要"逆袭突围"的考生,势必要答出亮点争取高分才行。

首先,快递员虽是履行职责,但是为了保障我能享受到这个服务付出了很多辛苦劳作,用他的风雨无阻来成全我的便捷服务,不仅值得感谢,更值得为这样的敬业来点赞。

其次,作为一名国家公职人员,何尝不是国家政策的快递员,是履职惠民的服务员呢?我们将那些顶层设计的惠民、便民、利民的政策传递到人民身边,把真正的解忧、解难、解困传递到人民心里,这样的职责使命,不也是别样的"快递员"吗?所以,国家先行"最先一公里",公职人员连接起人民的"最后一百米",要保障好服务质量,我们还有很多要像敬业的快递小哥来学习的呢,向"老师"说感谢,不光值得,而且必要。

最后,作为惠民服务的"快递员",如果人民对我们说了谢谢,那不光是一种肯定,更是一种鼓舞,因为人民点赞,就是最高礼赞。从这样的角度换位来说,我更愿意为所有的提供服务的工作人员点赞,像习总书记说的那样,增强他们的从业尊严感、职业荣誉感,才能更好地促进社会和谐,提高职业认同,让更多人都拥有获得感和幸福感。

考生回答完毕。

高分的面试题,可能不需要多么华丽的辞藻堆砌,也不需要过多的引经据典,但应该是丰富的、立体的,既需要"就事论事",还需要"就事论理",总结来就是"大、小、多、少"。

大:视野要大。不能局限在题干的字句本身,要打开全局视野来看问题。能把具体问题放在宏大叙事里,但不能为了拔高而故作高调。考官作为资深前辈和理论专家,对考题中的问题思考深度是考生们所不能及的,即便是学识丰厚、功底扎实的考生,阅历局限也很难把深邃的内涵说透,爱思考虽好,但故作高深就不合时宜了。

小:切口要小。从题目出发,不能上来就离题万里去展开。以本题为例,快递员本身作为题干的关键词,没有扩大的空间可挖掘,如果过度展开就不贴合实际了,而从职业属性出发来展开,反而会打开思路,容易联系实际。

多:展开面多。面试时间有限,思考、答题都要兼顾,想要在纵深上体现思考非常考验考生日常积累和临场发挥,因而从多面开花角度来论述,更容易让考官看到考生对时政的把握、对切题的思考、对履职的情怀。当然,层面数量因人、因题而异,不能泛泛而谈,要数量也要质量。

少:赘述要少。不要反复念题,考官的体感、观感也是需要被关怀的,一说内容就反复重复题干,也是对考官的不友好。如果考生怕面对题目思维卡顿,不妨平时多强化日常语感类的训练,从切题出发,不求思考"一步到位",但求"好的开始",然后从容展开,才是真正的"谈一谈看法",而不是"有感情的背诵课文"。

(选自《半月谈》)

五、面试中的常见问题

1. 不善于打破沉默

面试开始时,求职者不善于"破冰",而等待面试官引出话题。面试中,求职者又出于种种顾虑,不愿主动说话,使面试出现冷场。即便勉强打破沉默,语音语调也会生硬,使场面更显尴尬。实际上,无论是面试前还是面试中,求职者主动致意与交谈,会留给面试官热情和善于与人交谈的良好印象。

2. 为偏见或成见所左右

有时候,参加面试前自己所了解的有关面试官或招聘单位的负面评价,会左右自己面试中的思维。误认为貌似冷淡的面试官或是严厉或是对求职者不满意,因此十分紧张。还有些时候,面试官是看上去比自己年轻的人,心中便开始嘀咕:"他怎么能有资格面试我呢?"其实,在招聘面试这种特殊的采购关系中,求职者作为供方,需要积极面对不同风格的面试官即客户,不要被自己的偏见或成见所左右。

3. 不善于提问

有些求职者在不该提问时提问,如面试中打断面试官谈话而提问。也有些求职者面试前对提问没有足够准备,在有提问机会时不知说什么好。而事实上,一个好的提问会让面试官刮目相看。

4. 职业发展计划模糊

对个人职业发展计划,很多人只有目标,没有思路。比如当问及"您未来5年事业发展计划如何"时,很多人都会回答说"我希望5年之内做到全国销售总监一职"。如果面试官接着问"为什么",求职者常常会觉得莫名其妙。其实,任何一个具体的职业发展目标都离不开个人对目前技能的评估以及为胜任职业目标所需拟定的技能发展计划。

5. 假扮完美

面试官常常会问:"您性格上有什么弱点?您在事业上受过挫折吗?"有些求职者会回答:"没有。"其实这种回答是对自己不负责任的。没有人没有弱点,没有人没有受过挫折。只有充分地认识到自己的弱点,也只有正确地认识自己所受的挫折,才能造就真正成熟的人格。

六、面试后的努力

面试结束,要首先感谢主考官及公司给自己机会。可写邮件致谢(有提醒对方的作用),一般在应聘后2~3天发出。内容包括致谢、应聘的时间和经过、对工作的信心、期待机会等,简短地表明自己的兴趣及对工作的信心。

面试结束后,应该对自己在面试时遇到的难题进行回顾。重新考虑一下,如果再次被问到同样的问题,该如何更好地回答。尽量把参加面试的所有细节记下。一定要记下面试时与你交谈的人的名字和职位。万一通知你落选了,你也应该虚心地向招聘者请教自己有哪些欠缺,以便今后改进。一般来说,能得到这样的反馈不容易,应该好好抓住时机。

我们通篇所说的是常规化的面试,在个别的单位招聘中也会出现非常规的一些面试情况,以考验应试者的临场应变能力和综合素质。因此对这些特殊面试我们也需要进行了解。

【案例】

有三位应试者来到某公司面试,见到面试官后,面试官让他们三个人坐下,可是又没有椅子。几位求职者当场愣住了,不知道面试官到底是什么意思。第一位求职者想都没想,直接说,你们不想招人就直说,何必整这些东西来故意刁难?如果真的要招人的话,会不给椅子让人坐下吗?说完就直接走了出去,面试官摇摇头,示意面试继续。

第二位求职者的情商明显就比第一位高很多,他回答说:"您既然要我坐下,为什么会没有椅子,这不合理啊,公司不会这样,您也不会这么做。"面试官听完看起来有点不太高兴,感觉求职者在责怪自己。

接下来,第三位没一点拐弯抹角,就直接说,没椅子我就去外面搬一个啊。面试官听完以后,觉得他很机智,反应很快,于是宣布他被录用了。

其实面试官在设计这个问题的时候,一方面想要考验求职者思维反应能力,另外一方面是因为工作不能只看到眼前的事物,我们要多方面考虑,将思维扩散开来,遇到难题的时候想办法去解决。

> **思考与练习**
>
> ◎面试的种类有哪些?
> ◎从哪些方面提升自身的面试能力?

【实践体验】

活动一:简历制作大赛

大学四年,我们应该学会的是规划人生的远景,发挥自己的本领,写出自己人生的剧本。为了在众多的求职者中脱颖而出,我们需要清晰、完整的简历更好地展示自己的职业技能,从而提高就业竞争力。我们应该重视简历的制作。

一、实践目的

1.深入明晰自我营销的内涵与方法,通过参加简历制作大赛,掌握简历制作与投递的方法与技巧。

2. 以简历制作大赛的形式,帮助学生提高个人职业技能,让学生掌握优秀简历制作的方法,指导其做好职业规划。

3. 展示学生的软件操作能力,引导他们创新思维、创新能力,并加强他们关于设计与排版的等相关知识的学习。

4. 通过大赛,学生们可以感受到竞争的激烈,进而调整自己以适应社会的需求。

二、活动内容

要求每位学生制作一份简历及相关 PPT,由任课教师挑选出比较优秀的作品上交。评审组教师挑选出经过筛选的作品,告知学生准备 PPT 汇报,参加汇报的学生完善 PPT 并展示个人简历,每人 3~5 分钟,5 分钟结束不得再汇报。每位学生汇报后,现场评委 1~2 名提出问题,最后评委教师打分,选出一、二、三等奖。大赛结束后展示优秀的作品。

(一)作品要求

1. 参赛作品要求内容完整真实,文字表达准确,有条理,版面美观。
2. 参赛作品应充分展现大学生的个性,展现当代大学生职业新人形象。
3. 比赛时演讲需配 PPT,也可用 VCR 等代替。
4. 简历内容必须包括个人基本信息,根据自身专业和求职意向,制作简历。
5. 杜绝抄袭,简历必须为参赛者独立制作,否则取消比赛资格。

(二)参赛须知

1. 尺寸规格:A4 纸,封面和排版格式不限。
2. 参赛作品可根据自己兴趣自由创作,但必须主题明确,构思新颖。
3. 决赛作品制作软件不限,方式不限,参赛作品容量不超过 3M,须提交电子版及纸质版各一份。

(三)比赛注意事项

1. 参赛作品一律不予退还,请参赛者自行备份。
2. 参赛者请注明真实姓名,所在院系、年级、班级、学号、联系方式,以便回复。
3. 参赛者需着职业装参赛。

三、活动流程

1. 报名、作品征集。
2. 初赛——筛选作品。
3. 决赛——选出获奖作品并颁奖。

★ 活动相关资料

一、简历制作大赛评分标准

1. 初赛阶段:分别从个人简介、自我评价、版面设计、创新四部分对参赛者进行评分,满分为100分。

(1)个人简介(30分):要求内容翔实、完整,能够全面展现基本信息,展示在校期间的学习、工作、生活的收获,突出自我,突出能力。

(2)自我评价(20分):要求自我定位明确,详略得当,能简明扼要地突出自身的特长与潜能。

(3)版面设计(20分):要求整洁、得体,配色协调,简历整体具有视觉美感。

(4)创新(30分):形式、内容创新,具有自己的突出特点,易于从众多简历中脱颖而出。

2. 决赛阶段:决赛成绩包含三方面成绩:初赛成绩占30%,现场表现占30%,PPT制作成绩占40%。

(1)现场表现评分标准。分别从简历演说解读能力、问答应变能力、职业风貌、着装、综合印象五部分对参赛者进行评分,满分为100分。

演说解读能力(30分):要求解说生动,内容条理清晰具有说服力,能够突出参赛者的竞争优势。

问答应变能力(20分):要求参赛者应答思维敏捷,有较强的应变能力,语言规范,口齿清晰,普通话表达流畅。

职业风貌(20分):要求参赛者职业倾向明确,熟知应聘岗位的能力需求及应具备的专业技能。

着装(15分):要求参赛者着职业装参赛,衣着整洁,举止得体,上下场致意、答谢自然大方。

综合印象(15分):由评委根据参赛者的临场表现做出综合演讲素质最佳的评价。

(2)PPT(或VCR)制作评分标准(满分为100分)。

内容(25分):作品内容与主题相符,在体现主题的基础上创意新颖,有鲜明特色。结构合理,幻灯片之间具有层次性和连贯性;逻辑顺畅,过渡恰当;整体风格统一流畅、协调。模版、版式、作品的表现方式能够恰当地表现主题内容。

技术(25分):作品中使用了文本、图片、表格、图表、图形、动画、音频、视频等表现工具;整部作品的播放流畅,运行稳定、无故障。

美观布局(25分):整体界面美观,布局合理,层次分明,模版版式设计生动活泼,富有新意,总体视觉效果好,有较强的表现力和感染力。作品中色彩搭配合理协调,表现风格引人入胜;文字清晰,字体设计恰当;音乐或音效搭配合理协调。

创意(25分):整体布局风格(包括模板设计、版式安排、色彩搭配等)立意新颖,构思独特,设计巧妙,具有想象力和表现力。作品原创成分高,具有鲜明的个性。

二、简历制作样例

X X X

求职意向：土建预算员

出生年月： XXXX年XX月	**手机号码**： XXXXXXXXXX		
政治面貌： 共青团员	**毕业学校**： XXXX 大学		
现居地址： 黑龙江哈尔滨	**电子邮箱**： XXXXX@XX.com		

教育背景　　　　　　　　　　　　　　　　2016 年 9 月 至 2020 年 6 月

院校： XXXX 大学　　　　学历： 大学本科　　　　专业： 工程管理

主修课程：
工程制图与 CAD、土木工程材料、工程测量、建筑力学、地基基础、房屋建筑学、建筑结构、建筑施工技术、建筑工程概预算、工程建设监理、建设工程质量控制、进度控制、投资控制、建设工程合同管理、信息管理、建筑经济管理等。

实习经历　　　　　　　　　　　　　　　　2019 年 10 月 至 2020 年 4 月

公司性质： 民营企业　　　所属行业： 建筑与工程　　　担任职位： 土建预算员

工作描述：
负责项目成本数据统计，向公司汇报产值及成本情况，工程进度款申报，编制预算报价书，工程洽商，办理施工签证、变更，分包单位工程量及结算审核，劳务分包班组工程量审核，编制施工图预算，项目结算，项目投标等。
1. XX 项目二期一标土建总承包工程（建筑面积 74 597 ㎡）
2. XX 项目一期三标土建总承包工程（建筑面积 149 888 ㎡，含地下人防工程）
3. XXXX 装瓶商生产有限公司办公区及餐厅精装修工程（建筑面积 2 056 ㎡）
4. XXXX 工业园新建厂房工程（建筑面积 40 105.30 ㎡，16 个单体工程）

技能证书

语言能力： 通过大学英语 CET4、普通话二级甲等。
专业技能： 建筑工程管理助理工程师、全国建设工程造价员资格证书，熟悉增值税报税程序。
办公技能： 熟练掌握 Office 、CAD 、Photoshop 、SKETCHUP 等必备软件。

自我评价

本人专业知识扎实，有着很强的识图能力，熟悉施工工艺流程，能够熟练地运用造价软件及办公软件。对工作积极热情，责任心强，坚守原则，具有较强的团队合作精神、协调沟通能力和丰富的工程造价经验。热爱自己所学的专业，愿意为基建事业贡献智慧和力量。

第六章 职前就业准备

教育背景 Education

XXX 大学 / 财务管理 / 本科　　　　　　　　2012.09-2016.06
主修课程：管理学，微观经济学，宏观经济学，统计学，信息系统，会计学，财务管理，公司理财，经济法，人力资源管理等相关专业课程

工作经历 Experience

2017.10-2019.09　　XXXX 网络有限公司
财务会计　　办理增值税的认证、纳税申报、汇算清缴、每月账面核对等；整车及原材料的购入、暂估、退车等事项的办理，发票的录入；每月核对应收账款。要求业务员手中已完成交易的客户结账。

2016.10-2017.09　　XXXX 科技有限公司
实习会计　　负责现金和银行存款收付业务，处理报销事务；负责审查原始凭证，对凭证进行汇总，并交会计做账；负责准确登录现金日记账和银行存款日记账。

2015.06-2016.09　　XXX 大学招生办
学生助理　　向报考学生介绍及推荐专业课程，跟进新生在本校的学习情况，同家长及学员随时沟通，解决家长及学员的诉求；负责招生咨询、邀约类工作。

技能证书 Skill

语言类：　大学英语六级证书，普通话二甲资格证
软件类：　熟练掌握 PS、PR、AU 软件以及 Office 办公软件
荣誉类：　国家级一、三等奖学金，2013—2014 年度优秀团员
活动类：　XXX 大学摄影大赛二等奖，创业计划大赛亚军

自我评价 Profile

作为拥有一定经验的老员工，我以积极主动的工作态度来迎接工作。团队配合能力良好,善于沟通,具备一定的活动策划和组织协调能力。拥有良好的心态和责任感,吃苦耐劳,擅于管理时间。自主学习能力 强,能制订切实 可行 的学习计划,积极主动学习岗位技能。

思考与练习

◎ 根据课程内容,重新审视个人的求职简历,重新撰写一份。

活动二：模拟面试

一、实践目的

大学生在求职中不仅要展示自己的科学文化知识及专业技能，其良好的思想品德素质与心理素质同样也是招聘者非常重视的素养。所以，即将求职的大学生们要做好充分的职前准备，提升求职自信心，展现出积极、向上的精神状态对于走向职业生涯新起点至关重要。通过模拟面试，大学生能够认知求职面试的流程和面试中 HR 的考察重点；再结合专业或兴趣，参加模拟面试训练营，深入熟悉求职面试的具体过程，掌握求职面试的方法与技巧。

1. 使学生掌握面试技巧，克服真实面试过程中出现紧张的情绪。
2. 有针对性地解决学生在面试准备、面试过程中暴露的问题。
3. 提高学生面试能力和临场应变能力，提高企业面试通过率。

二、活动内容

面试活动分为两种：第一种为全员模拟面试：全班所有学生参与全程，通过观察其他学生的面试情况及教师对面试学生的点评，发现自身存在的问题，并及时改正，增强其对面试技巧的理解和掌握。第二种为单独模拟面试：作为推荐学生的最终依据，采用的招聘信息必须是与学校有合作的企业信息，在模拟面试之后可以安排学生前往企业进行面试。

模拟面试注意事项：

1. 如果是全员模拟面试，要求学生都坐在第二排以后的位置上，空出第一排的位置；如果是单独模拟面试，要求学生在教室外面等待通知，进行面试。
2. 学生提前准备好简历。点名，了解出勤情况。
3. 待学生都做好准备后，邀请任课教师、人事专员参加，给每位参加面试的教师一份面试评价表。
4. 将企业招聘需求写在白板上，进行具体解释。待学生了解情况后，进行模拟面试。可以让学生主动面试，或者按照点名表顺序进行点名。

三、活动流程

1. 讲解完"如何进行面试"课程后进行第一次模拟面试，选择"全员模拟面试"，时间为 2 课时。
2. 大多数学生有就业需求时，在第一次面试的基础上，了解学生的基本情况，有针对性地进行第二次模拟面试，选择"单独模拟面试"，并进行线上模拟面试的练习，时间为 2

课时。

每个学生至少有两次模拟面试机会,根据学生面试的情况,可以针对部分学生进行多次面试,推荐选择"单独模拟面试"类型针对不同学生的特点进行训练、指导。

思考与练习

◎根据课程内容,总结自己面试过程中的问题,写一份面试能力的提升计划。

Chapter 7 第七章

从校园人到职业人的转变

【学习目标】

通过本章的学习,大学生可以提高求职技能,增进心理调适能力,维护个人合法权益,进而有效地管理求职过程;毕业生能够及时、有效地获取就业信息,建立就业信息的搜集渠道,进而提高信息收集与处理的效率与质量。

第一节 大学生毕业流程

凡事预则立,不预则废。言前定则不跲,事前定则不困,行前定则不疚,道前定则不穷。

——《礼记·中庸》

一、就业信息的精准分析

大学生在准备就业时,一般会搜索就业信息,信息既蕴藏着机会,也可能潜藏着风险。鉴别获取的信息是信息处理的第一步,由于所获取信息不一定全面、准确,所以要对信息进行严格的鉴别和判断,并加以澄清和剔除,使之更好地为自己求职择业服务。

(一)就业信息的可靠性

就业信息的可靠性分析,一般采用以下三种方法。

1. 根据信息的内在逻辑验证其可靠性

如果发现就业信息资料内容的表述前后矛盾,或违背事物发展的逻辑,或有违反实践经验即实际情况的内容,此类就业信息的可靠性就值得怀疑。例如,招聘职位是文秘等普通职员,用人待遇却给出高薪等优厚条件,这样的招聘信息不能轻信。对此要进行认真调查核实,以防上当受骗。

2. 根据信息的来源渠道进行分析判断

一般来说,从正规渠道获得的就业信息可靠性大一些,而从非正规渠道获取的就业信息可靠性就差一些。比如，到处张贴或散发的一些招聘小广告就不可靠。

3.通过相关网站、电话直接查询进行具体核实

通过上网或114查号台，查出招聘信息中的用人单位人力资源部的电话号码，并电话核实该单位是否招聘某专业的人才。这是最直接、最快捷、最可靠的核实方法。

（二）就业信息的时效性

就业信息的效用具有一定的期限。时效性是信息的一个很重要的特性，在竞争日趋激烈的就业市场，信息的有效期也越来越短。在大学生就业市场上，每年总有两三个月是就业信息相对集中的时期，这段时间找工作也最有效，我们如果能把握好这段时间，主动出击，就能抓住机遇。而过了就业信息的高峰期，我们要推销自己就处在相对被动的位置，难度明显增大。

（三）就业信息的针对性

随着社会分工的进一步细化，用人单位所要求人才的层次、专业、能力等方面千差万别。就业信息本身必须能够说明它所适用的对象，以及该对象所应具备的具体条件。因此，必须注意就业信息的针对性，不能盲目追求当今都看好的职业。适合自己的信息一定要予以重视，不适合自己的求职信息也一定要果断地放弃，减少求职择业的盲目性和盲从性。

二、就业协议的签订

（一）就业协议签订的步骤

就业协议具有一定的广泛性和权威性，是学校制订就业方案、用人单位申请用人指标的主要依据，对签约的三方都有约束力。

毕业生就业协议书由就业指导中心按照教育部规定的统一格式进行印制，并统一发放（每年十月），由毕业生妥善保管。

第一步：毕业生到学校就业指导中心领取协议书（每位毕业生都有对应的协议编号）
第二步：毕业生和用人单位经充分协商达成一致意见后，双方在协议书上签字盖章。
第三步：无独立人事权的用人单位报上级主管部门同意并签字盖章。
第四步：毕业生所在学院审核并签字盖章。
第五步：学校就业指导中心汇总审核就业协议，并签字盖章。

（二）就业协议签订的注意事项

1.就业协议一式四份，其中用人单位保留1份，毕业生保留1份，学校（院）保留2份。毕业生签完协议后，应及时将协议书上交学校（院）审核，以保障毕业生相关权益。

2.签订就业协议书前，毕业生要弄清用人单位的性质及用人方式等，如单位是否有独立人事管理权，能否为毕业生办理户口档案转接及社会保险等手续（单位接收、人事代理或不接收），是哪一种用人方式（正式编制内录用、聘用合同制、临时聘用或劳务派遣制

等),以便毕业后及早与相关单位签订《劳动合同》。

3. 充分利用其他约定事项备注栏,明确约定条款内容,包括服务期限、福利待遇、住房条件及违约处理办法等。

4. 每位毕业生只能与一个用人单位签订就业协议书。

(三)与用人单位签约后又考取公务员、研究生的处理办法

1. 毕业生填写违约申请,打印后交辅导员和分院专职书记签字。

2. 将考取公务员或研究生的结果及时告知用人单位,并与用人单位商谈解约条件并按要求执行。

3. 毕业生按与用人单位商谈条件履行义务后,要求用人单位出具解约函(离职证明),并将用人单位保留的一份协议书带走。如果是毕业生离校后学校已将档案寄达用人单位的,还须将档案带走。

4. 毕业生将已签约的协议书一式四份,用人单位解约函(离职证明),考取公务员(录用通知)或研究生(录取通知书)的相关证明材料一起上交学校就业指导中心,并按相关程序办理。

5. 考取公务员的毕业生在就业指导中心换发新协议书,与新用人单位签约后将协议书上交。如果是毕业生已离校则直接去省大学生就业创业指导中心办理改派手续。

(四)违约要承担的责任

1. 毕业生签订就业协议时,应在其他约定事项备注栏书面确定违约问责及补偿办法。

2. 毕业生单方解约,需征得原用人单位同意并出具解约函或离职证明,并按协议支付违约金,承担责任。

3. 用人单位违约,应与毕业生积极沟通,并向毕业生支付一定的补偿金。如用人单位拒不支付或故意拖延的,可向当地劳动主管部门申请处理,或申请劳动仲裁,学校也应出面保护学生权益。

三、报到证

报到证是应届普通高等学校毕业生到就业单位报到的凭证,也是毕业生参加工作时间的初始记载和凭证。毕业生到就业单位报到时,须持报到证。报到证是毕业生转移人事档案关系和户口关系的凭证。

报到证的用途主要包括:一是教育主管部门正式派遣毕业生的凭证;二是毕业生到用人单位报到的凭证;三是用人单位接收毕业生的重要证明;四是任何一个合法的人才中心、档案管理机构接收毕业生档案的证明;五是用人单位给毕业生落户、接管档案的重要凭证;六是毕业生的干部身份证明。

(一)已签约未办理报到证的情况分析

报到证是毕业生迁、落户口,档案转、接等解决人事关系的要件,由国家教育部及省、

自治区、直辖市高校毕业生调配部门签发,一式两联,一联(白色)装入毕业生档案,一联(蓝色)由毕业生作为凭证到工作单位报到。

这是指毕业生在部分合资、外资、私营企业等不具备档案接收权的单位的情况。

(二)已签约未办理报到证需要办理的手续

毕业生可将档案申请派回原籍或托管人才交流机构,并将协议书、申请书和单位证明一并上交学校保存。

(三)毕业离校后就业的手续办理

毕业前未落实就业单位,毕业后1年内落实单位,且需办理派遣手续的根据不同情况分类如下办理。

1. 毕业时档案户口托管的,凭协议书(或接收证明)、毕业证原件到省就业指导中心办理。
2. 派遣回原籍而在原籍就业的,可凭协议书(或接收证明)、原报到证,毕业证原件到原籍接收主管部门办理,也可以改派。
3. 如果是跨省就业可凭协议书(或接收证明)、原报到证、毕业证原件到到省就业指导中心办理。

四、改派

在毕业生派遣后,因为特殊原因或违约不能到用人单位工作的,可以申请改派,也就是调整就业方案,重新办理相关手续。

(一)毕业生若遇下列情况可以申请改派

1. 用人单位因故撤销、用人单位的隶属关系发生变化、用人单位的称谓有误。
2. 毕业生本人遭受不可抗拒的因素或其他特殊原因,用人单位将其退回学校。
3. 未就业毕业生在两年内找到接收单位的。
4. 国家法定试用期内,违约并履行违约责任的。

特别提示:如因毕业生违法违纪被用人单位开除或辞退的,或已就业的毕业生未经单位同意主动提出辞职的,不能办理调整改派手续。

(二)改派的基本程序

1. 持相关证明(同意解除协议的证明、接收证明)、原就业报到证等材料。
2. 登陆黑龙江省大学生就业创业服务平台,网上申请,提交审核。
3. 学校初审、省教育厅复审通过后打印新报到证。
4. 凭新的就业报到证到单位报到(户口迁移和档案转递自行解决)。

(三)毕业生调整改派中的注意事项

1. 凡涉及改派,毕业生一定要将档案、户口从原单位(地区)转移到新的单位(地区)。

2. 毕业生改派单位若没有跨省区,可在本省主管部门申请改派。

五、档案的转递

按照有关规定,档案接收单位应该是县级以上单位或地方政府人事部门,毕业生档案必须由专人通过机要的方式转递,毕业生个人不得携带档案。

到非国有单位就业的毕业生,在签订就业协议书时,一般要求到单位所在地的人事部门或人才交流中心办理档案、户口托管手续,以便能及时、准确地接转档案和户口,确保档案的安全,顺利办理落户手续。

毕业生到工作单位报到后,应当及时去工作单位的人事部门查询自己的档案是否转达。如果一到三个月内发现档案没有转达,则应及时与学校联系,以便及时查询档案的下落。按规定,机要部门查询档案的期限为一年。

【资料】

2020届高校毕业生,就业创业"百日冲刺"十大专项行动来了

2020年5月6日,由教育部、人力资源和社会保障部、工业和信息化部、国资委、中央广播电视总台、共青团中央等6部门共同主办的2020届普通高校毕业生就业"百日冲刺"行动正式启动,启动仪式上发布了促进高校毕业生就业创业十大专项行动。由中央广播电视总台5G新媒体平台央视频携手国投人力,与教育部共同发起的"24365国聘行动"联合专场招聘活动,也于同日正式上线。中宣部副部长、中央广播电视总台党组书记、台长慎海雄,教育部党组成员、副部长翁铁慧以视频连线方式出席了启动仪式。

今年高校毕业生规模达到874万人,增量、增幅均为近年之最。受新冠肺炎疫情等多种因素叠加影响,2020届普通高校毕业生就业面临较大压力。目前已有2/3省份高校已经开学或已明确开学计划,毕业生求职即将进入关键期。"百日冲刺"行动将从5月份一直持续到8月中旬,在这关键的100天里,教育部及相关部门将重点组织开展升学扩招吸纳行动、充实基层专项计划行动、扩大毕业生参军入伍行动、开拓科研社区医疗基层岗位行动、推进企业稳岗扩就业行动、推进创业带动就业行动、持续开展网上就业服务行动、重点帮扶湖北高校毕业生行动、助力脱贫攻坚行动、狠抓责任落实行动等十大专项行动。

5月6日,由中央广播电视总台5G新媒体平台央视频携手国投人力,与教育部共同发起的"24365国聘行动"联合专场招聘活动同时启动。其中,脱贫攻坚云招聘专场系列直播率先登场,共计12家企业将参与为期4天的在线宣讲并接收简历。

"百日冲刺"十大专项行动具体有什么内容?一起来看:

一、升学扩招吸纳行动

教育部已经安排硕士研究生扩大招生规模18.9万、普通专升本扩招32.2万。目前,正在会同有关部门研究在第二学士学位进行扩招。

二、充实基层专项计划行动

"特岗教师"计划将增加招募规模5 000人,今年招募规模将达到10.5万。适当扩大"三支一扶""西部计划"等中央基层项目实施规模。将招收40多万毕业生补充中小学和

幼儿园教师队伍,采取"先上岗、再考证"的举措,进一步加强中小学和幼儿园教师配备。

三、扩大毕业生参军入伍行动

今年将加大力度推进精准征兵、精准动员,进一步落实好毕业生参军入伍的优惠政策。

四、大力开拓科研、社区、医疗等基层岗位行动

努力开发适合毕业生的科研助理岗位。有关部门将推动全国城乡社区和基层卫生部门新增岗位优先招录毕业生。

五、推进企业稳岗扩就业行动

国有企业今明两年将连续扩大高校毕业生招聘规模。有关部门将落实一次性补贴、返还失业保险等优惠政策,鼓励中小微企业吸纳更多高校毕业生。

六、持续开展网上就业服务行动

进一步开展好"24365校园网络招聘服务"、"百日千万网络招聘专项行动"、央企"抗疫稳岗扩就业""国聘行动""千校万岗"线上招聘会等,为企业和毕业生提供全天候不断线、不打烊的就业服务。同时,在高校开学后,有序恢复校园现场招聘活动。

七、推进创业带动就业行动

实施高校毕业生创业支持计划,开展大学生创新创业教育,办好第六届中国国际"互联网+"大学生创新创业大赛,引领大学生投身"双创"。

八、开展重点帮扶支持湖北行动

教育部会同有关部门制定了"中央+地方"促进湖北高校毕业生就业创业的"十个一批"政策,将实现全国高校与湖北高校就业创业"一帮一"行动的全覆盖。

九、助力脱贫攻坚行动

对全国建档立卡家庭毕业生、52个未摘帽贫困县毕业生,将实行分类帮扶和"一人一策"动态服务。设立"建档立卡家庭贫困生专升本专项计划",单独进行录取。

十、狠抓责任落实行动

将毕业生就业纳入对地方政府和高校的督导考核内容,高校要落实"一把手"工程,发动全国5万余名毕业班辅导员,逐一压实责任,同时让更多的专业教师都行动起来,群策群力帮助毕业生顺利毕业、尽早就业。

(选自教育部政务新媒体"微言教育")

思考与练习

◎请简述毕业流程。

◎请简述在毕业前需要做哪些准备?

第二节　树立正确的择业观

　　经过大学四年的学习和生活,我们终究要离开校园、踏入社会,那么在学校这几年与我们以后的职业和职业生涯有什么关联?我们需要什么样的职业状态?我们怎样实现自己的职业理想和社会价值吗?在大学期间我们要为以后的人生目标做些什么呢?我们需要什么样的生活方式?我们会成为什么样的人?这一系列的问题正是我们需要认真思考和面对的。

　　随着高校职业规划和就业指导的不断加强,从我们入学开始就全程、全方位地开设职业生涯规划和就业指导课程,引导我们从理论知识和社会实践等方面学会如何规划自己的学业和职业,规划自己的职业目标;如何通过认知自我、了解企业,做到人职匹配;如何提高就业能力和竞争力;如何端正就业心态;等等。做好职业生涯规划、职业目标的设定以及就业指导,可以说对我们将来步入职场是至关重要的。规划科学、决策正确、方向明确,会让我们在以后的人生道路上少走弯路。

【案例】

　　某民办高校韩语专业的学生小李,虽然进入大学后从零起点学习韩语,但他除了刻苦学习、积累韩语单词量、锻炼口语和笔译外,还积极利用课余时间参加学校开设的职业规划课。他从大二就开始拟定了自己的职业方向,做出要从事韩语翻译及相关工作的职业规划,并按照所规划的目标逐步实施。通过老师的指点和自身的努力,在毕业前,小李所在的学校外事处要招聘一名韩国留学生的生活接待翻译,由于他笔试、面试出色的表现,在众多应聘者中脱颖而出,被学校外事处录用,实现了自己职业目标的第一步。

　　小张是一所民办高校英语专业的学生,入学后他了解到学习英语专业,以后就业找到专业对口的职业很难,所以他在大一下学期,通过职业指导课,并在老师的指导下,制订了一个从大二开始的学业计划。计划大概内容是这样安排的:首先,根据自己的兴趣和特长,选定人力资源管理作为毕业后所从事的职业,然后根据这个职业对人才的要求,来选择相关的专业知识和技能作为选修或自学的科目。其次,在本专业学习过程中,每天抽出一定时间进行口语训练,从语言工具的角度看,英语口语能力对所要从事的职业有一定的辅助作用。第三,除了通过本专业学习和选修人力资源课程的学习之外,他还博览群书,增长通用知识和技能,有目的、有计划地参加学校组织的活动和一些有意义的社会实践活动,并考取初级人力资源职业资格证书。第四,大四下学期参加与人力资源有关的社会实习,提高社会实践能力和就业能力,从而能顺利地实现自己的目标职业。

　　从以上两个案例来看,小李坚持自己的专业,树立了明确的职业目标,经过自身的努力,实现了初步的目标;小张从事的职业虽然没有专业对口,但他从低年级就设定自己的职业目标,并坚持不懈,按照既定的目标走下去,毕业后也实现了从事人力资源的职业目标。

一、大学生求职道路上的职业选择

我们听过这样的一句话:"选择比努力更重要,如果方向选择错了,那么走得越远离目标就越远。"没错!在大学生就业准备的过程中,首先要做好职业选择的准备,这是我们人生中最大、最重要的选择之一。自主择业已成为大学生就业的主要形式。大学生就业准备也贯穿求职择业准备的过程,如何选择与自己制定的职业目标相适合的职业,或者谋到一个令人满意的职业,从而使我们的价值观与职业价值观紧密联系起来,这是即将离开校园的大学毕业生们必须思考的首要问题。

目前,大学生就业有了更多的择业自主权,但这种自主权并非是一味地按照"自我设计"去随意择业,而是有一定条件的。因为从个人与社会的关系来看,个人需要总是要受到社会制约的。我们选择职业时首先要把社会的需求作为选择的出发点,秉承社会需要的这一原则,把个人的意愿与社会的需要紧密地统一起来,这样才是选择了最有发展前景的职业。

【案例】

市场营销专业的小杨,他的职业目标是在毕业后五年内成为销售公司销售部经理。为了实现这个目标,他在大二期间就制订了一系列具体行动计划和明确措施:首先,对这个职业进行充分了解和分析,从主观意识上放平心态,毕业后从市场销售业务员做起,积累销售经验。其次,了解销售经理所应具备的素质和能力,找出自己的差距。第三,根据差距做出相应的培训和提高,如考取市场营销师职业资格证书,锻炼语言表达和沟通能力等。第四,在大三期间到相关销售企业做兼职,增强实践能力。第五,制订实现这个目标时间表。小杨在大二下学期考取了市场销售师证书,在大三时他利用课余时间到一家贸易公司做兼职业务员,通过兼职的实践,锻炼了沟通能力,他对自己毕业后的职业目标更加充满信心。毕业后他去了南方一家民营公司,做起了销售工作,虽然起早贪黑他很勤苦,压力也很大,但他却乐此不疲,一年后成了该公司的销售精英。又过了一年,他被提升到销售部经理,丰厚的个人报酬和岗位的荣誉给他带来更大的动力。

【课堂活动】

你觉得在未来职业选择中,证书重要还是能力重要?

二、大学生择业路径利弊分析

毕业之后该何去何从?这是进入大四的学生都要面对的问题。下面我们分析一下毕业后有哪些出路以及它们的利弊。

（一）考研

利：延缓就业压力，推迟就业期的到来；有些城市、有些学校能给研究生解决户口的问题；提高自身学历，增强竞争力；学术上有创建，可以沿着这个方向一直努力，毕业后获得稳定的工作。

弊：研究生毕业后，就业压力仍在，而且有了更加年轻的竞争者，压力越加沉重；读研期间，不一定能学到对自身职业有用处的知识，浪费了积累经验的时间；研究生毕业或博士毕业后年龄偏大，失去年龄优势；学术研究层次越高，就业面越窄，毕业后面对更加激烈的竞争，却已无法放弃本专业。

建议：如果对某个专业、某种学问有无法遏制的热爱和相应的研究能力，可以继续深造，终有一天会有建树。但如果考研只是为了规避和缓解就业压力，建议不要考研，研究生毕业后压力只增不减，而且会丧失积累经验的机会。年龄有时候是一种优势，因为年轻，有犯错误的时候也有改正错误的机会；而年纪大了才开始接触社会，这些机会就会相应减少。

（二）公务员

利：稳定的收入和生活，有良好的保障；公务员收入不是最高，但福利极好；有一定的社会地位及相应的权限；职业轨迹确定，工作没有太大的浮动性；国家机构员工，本身带有荣誉性质。

弊：工作稍显枯燥；考试很多，升职总与考试、考核挂钩；收入稳定，但没有大幅提高的可能，只能保持平均水准。

建议：有志从政的人、真心想改变国计民生状况的人、想要稳定工作的人都可以选择考公务员。公务员这个工作，如果心境淡泊，没有野心，不失为不错的选择，能够保证安定的生活和充足的个人时间；如果想要升职，则要有长期奋斗的决心和良好的人际关系。

（三）国企

利：稳定的收入，良好的福利保障；国企注重员工素质，要求员工为人处事遵循一定规则，可以学到不少东西；国企锻炼人，能够形成良好的就业观。

弊：入门难，不容易进入。

建议：国企能够全方位地锻炼人，总的来说，国企是不错的选择。

（四）私企

利：发展空间较大；能够很快学到实用的知识；工作不单调，需要一职多能，无形中提高了自己的能力；劳有所得，私企老板会按照你的贡献决定你的待遇，形成良性循环；升职、积累经验相对较快，想跳槽也相对容易。

弊：风险较大；有的公司不能保证福利；企业人文环境参差不齐，有些极好，有些极差；竞争相对激烈，工作环境相对不太稳定。

建议：很多毕业生愿意选择私企，认为私企的门槛较低，更易积累经验。由于私企的人员素质可能参差不齐,毕业生缺乏经验,很容易被第一份工作定型,错误的观念和不良的职场习惯会限制你的发展。当然,私企有广阔的发展空间,不会束缚你的才能。

（五）外企

利:高薪,福利好,工作环境好;外企有系统的企业文化、管理制度,能够学到更多的东西;强调个性和创造性,有利于培养能力,也有利于搭建自己的人脉;注重员工发展,给予员工诸多培训;实力雄厚。

弊:起点高,发展空间不大;工作量大;竞争激烈;对外语有很高要求。

建议:外企的高薪高酬是很多毕业生追求的目标,进入外企,感受成熟的企业环境和管理系统,有利于毕业生学到更多的东西。不论是个人能力、行业观念、企业文化意识,外企能够全方位地充实员工的头脑。但是,外企竞争激烈,升职也只能到一定级别,有些人会进入外企学习先进的管理经验和技术,然后自己创业。

（六）留学

利:增长见闻,开阔视野,成为一个有见识的人;掌握一门外语,受益终身;好的学校,好的专业,能够学到真正的知识,拿到过硬的文凭;有机会进入外企公司。

弊:出国留学费用高昂,投资不一定有相应回报;国外消费水平高,也许你常会感到入不敷出;有些国家排他性强,你无法真正融入同学之中;如果没有学到真正的知识,会白白浪费几年光阴和大笔金钱。

建议:年轻的时候有机会多见见世面,是件好事。如果有条件出国留学,不妨出去。但是,如果没有好的学校或者好的专业,大可不必出国镀金,把同样的资金用来创业或投资回报更大。

（七）创业

利:不必为他人打工,自己的事业自己做主;全方位锻炼你的能力;最大限度激发你的潜质;培养系统性的思维能力;创业成功的成就感无可取代。

弊:创业需要较大开支,需要长远目光和周密规划;毕业生社会经验少,眼高手低,盲目乐观,容易碰壁,创业失败打击巨大。

建议:大学毕业生想要成功创业,不只需要远大的理想,还要有激情、行动力、领导能力、商业信用和超强的适应性。大学毕业生的心智、观察市场的眼光、领导能力都还有一定欠缺。想创业的人无须急于一时,进一家好公司积累丰富的经验和人脉,再辞职创业更为妥当,成功率也更高。

（八）自由职业

利:充分发挥自己的才能爱好,时间自由、充裕;能够全面安排自己的生活;挑战性高,生活不易枯燥;按照自己的理想生活,心灵充实。

弊:没有稳定收入,必须自己注意社保问题;脱离社会太久,不容易融入;对自制力要求极高;会有入不敷出的情况;有江郎才尽的顾虑。

建议：自由职业适合有艺术气质的人，SOHO一族的生活虽然令人羡慕，但存在的隐患也不容忽视，自控力强、计划性强、有理财观念的人能够适应自由职业，并保证自己的生活；容易产生惰性的人还是需要工作来规范，不建议太过"自由"。

三、学生角色向职业人角色转换

从心理学角度来说，任何个体的社会角色发生变化时，新旧角色的转换过程将会伴随角色之间的冲突，这种角色冲突是普遍存在的。对大学毕业生来说，从开始找工作到离开校园走向社会、进入职场，从学生的角色转换到职业人的角色，这个转换过程不是瞬间就能完成的，而是一个渐进的过程。从一个只读"圣贤书"的平静环境到一个充满竞争的求职过程，再到一个适者生存、优胜劣汰的职场环境，这预示着我们在角色转换过程中并非一帆风顺，而且还会因为自身的一些问题而产生新旧角色之间的冲突。如果不及时认知和解决所存在的问题，不仅会延缓角色转换的完成，也会对以后的职业发展造成不良的影响。

学生角色到职业人角色转换过程大致可以分为三个阶段，我们在每个阶段都有不同的任务。

第一阶段是求职择业阶段。主要任务是应聘找工作，签订就业协议，开始向职业人角色过渡。

第二阶段是毕业实习阶段。主要任务是通过上岗实习尽快地熟悉和适应职业社会，是职业人角色"实战预演"阶段。

第三阶段是毕业后与用人单位签订劳动合同进入试用期阶段。这是结束学生角色向职业人角色转换的完成阶段，主要任务是从开始承担职业人的角色到胜任职业人的角色，真正完成角色的转换。

前两个阶段我们还没有毕业，还属于学生角色，完成这两个阶段的任务是顺利实现角色转换的前提。而第三阶段是角色转换最后实现阶段，完成这一阶段的任务，不仅可以胜任职业人所承担的角色，还为以后的职业发展奠定坚实的基础。

【案例】

小吕是市场营销专业的应届毕业生，在学校是品学兼优的学生，除了学习成绩优秀外，还利用业余时间在一家教育机构做兼职。在大三时他就对以后的职业方向有清晰的目标，那就是将来去北京×××教育集团从事与本专业相关的工作，并有针对性地做了大量的准备工作。大四刚开学他就开始给×××教育集团投递简历和求职信，不久就得到笔试和面试的回复，经过网络笔试和视频面试后，赴北京进行复试。虽然在面试过程中遇到一些曲折，但由于小吕的素质和能力等方面达到了北京×××区域主管的要求，当场被项目推广部录用，试用期结束后签约。从投档到录用前后没超过20天的时间。后来经过几个月的学习和摸索，他很快就做出了不小的成绩，一年后被提升为大区副经理。

像小吕这样靠自身的实力，与所向往的用人单位签约，顺利完成求职任务的毕业生，经过了很短的时间完成了角色转换过程。

> **思考与练习**
>
> ◎请结合自身情况谈一谈你的职业发展路径选择。
> ◎请将你的职业规划形成一份毕业前职业选择报告。

第三节 大学生就业权益保障

【资料一】

就业协议

就业协议是普通高等学校毕业生和用人单位在正式确立劳动人事关系前,经双向选择、在规定期限内确立就业关系、明确双方权利和义务而达成的书面协议,是用人单位确认毕业生相关信息真实可靠以及接收毕业生的重要凭据,也是高校进行毕业生就业管理、编制就业方案以及毕业生办理落户手续等有关事项的重要依据。

就业协议书的基本内容有以下几点:

1.高校毕业生基本情况,应包括姓名、性别、身份证号、专业、学制、毕业时间、学历、联系方式、生源地信息等。

2.用人单位基本情况,应包括单位名称、组织机构代码、单位性质、联系人及联系方式、档案接收地、用人单位及主管部门签章等。

3.高校毕业生和用人单位约定的有关内容,是在双方当事人协商一致基础上达成的,包括工作地点及工作岗位,户口迁入地,违约责任,协议自动失效条款、协议终止条款,双方约定的其他事宜。

4.学校意见,包括学校联系方式、协议书邮寄地址、院系意见签章及校级就业主管部门签章。

就业协议是用人单位与大学毕业生建立的劳动合同的预约,并以大学生按期毕业为劳动合同的成立条件。就业协议在毕业生凭报到证到单位报到,用人单位正式接收后自行终止。因此,毕业生应重视就业协议的作用,重视协议的款项内容。

在就业协议涉及的三方中,真正享有协议里规定的权利和承担义务的是毕业生和用人单位双方,在用人单位和毕业生双方签字盖章后即对双方发生法律效力。学校一般不参与毕业生与用人单位双方协议内容的制定与商议,仅作为见证方按照协议内容为毕业生和用人单位提供相关就业服务。如果用人单位解除该就业协议可视为解除预约劳动合同,大学毕业生可以以用人单位不履行合同为由,通过仲裁和诉讼来请求确认劳动合同的法律地位,要求用人单位承担损害赔偿责任。就业协议的法律性质要通过就业协议的内容、录用手续、当事人之间的事实关系等进行综合判断。

(选自律图网)

【资料二】

大学生就业协议属于合同吗？

就业协议是指在校大学生毕业前与学校、用人单位三方签订的协议，目的在于约束大学生和用人单位在毕业后建立劳动关系。劳动合同是指劳动者与用人单位建立劳动关系，明确双方权利义务关系的合同。就业协议作为用人单位和毕业生双方的一份意向性协议，不仅能为毕业生解决工作问题，保障毕业生在寻找工作阶段的权利与义务，同时，也保障了用人单位能够从不同学校找到合适、优秀的毕业生。

就业协议和劳动合同有以下区别：

1. 适用的法律、法规不同

劳动合同适用《中华人民共和国劳动法》《中华人民共和国劳动合同法》及劳动人事部门颁布的有关劳动人事方面的规章。而就业协议目前无法可依，只能适用教育部颁发的《普通高等学校毕业生就业工作暂行规定》和有关政策。

2. 适用主体不同

劳动合同是劳动者与用人单位之间确立劳动关系的协议，只要双方当事人协商一致，符合国家的法律、行政法规，无欺诈、胁迫等手段，经双方签字盖章，合同即生效。而目前的就业协议除毕业生与用人单位双方签字、盖章外，尚需学校介入。

3. 适用的人员不同

劳动合同可以适用于各类人员，凡是中华人民共和国的公民，只要有劳动能力并符合法律规定的条件，经过供需见面、双向选择，一经录用都可以与用人单位签订劳动合同。而就业协议适用的人群只限于高校毕业生、毕业研究生。

4. 签订的内容不同

依据《中华人民共和国劳动法》的规定，劳动合同的内容包括7项必备条款，除此之外，当事人可以协商约定其他内容，条款十分齐全。相比之下，就业协议的条款就比较简单。

综上所述，大学生毕业后，如果找到单位，双方可以在实习期签署一份就业协议。从本质上看，这份协议就是合同，只不过没有劳动合同那么详细。和劳动合同相比，就业协议签订的主体相对局限，并且适用的法律法规也不同。协议经过双方签字后生效，具备合同效力。

（选自律图网）

一、明确双方责任，履行各自约定

就业协议的订立一般要经过两个步骤，即要约和承诺。

（一）要约

毕业生持学校统一印制的就业推荐表或复印件参加招聘会、双选会等招聘活动，进行双向选择,或向各用人单位寄发书面材料,应视为要约邀请。用人单位收到毕业生材料,对毕业生进行考察后,表示同意接收并将回执寄到高校毕业生就业工作部门或毕业生本人,应为要约。

（二）承诺

毕业生收到用人单位回执或通过其他方式得到用人单位答复后,从中做出选择并到学校毕业生就业工作部门领取就业协议,与用人单位签订协议,即为承诺。由于毕业生就业工作比较烦琐、具体,有时很难明确分为要约和承诺两个步骤。比如,有的毕业生参加公务员考试,达到面试线后,到用人单位参加面试、体检,用人单位也对毕业生进行政审、阅档,表示同意接收。在这种情况下,毕业生应与该用人单位签订就业协议,而不应再选择其他单位。又如,用人单位到学校召开宣讲会,毕业生自己主动报名,经学校积极推荐,用人单位也表示同意接收,但要回到单位后再正式发函签协议。在这种情况下,毕业生也应安心等待与用人单位签约,而不能出尔反尔,以未正式签协议为由与其他单位签约,置学校和个人信誉于不顾。

大学毕业生情况不同,当事人的权利义务也各有不同。就业协议是用人单位和毕业生双方当事人设立各自权利义务的民事法律行为,依据的是国家关于高校毕业生就业的法规和规定。基本条款应包括以下内容:工作期限、岗位、工资报酬、劳动待遇、就业协议终止的条件、违反就业协议的责任等内容,依此协议毕业生享有到用人单位工作劳动的权利,而用人单位则享有对毕业生的人事管理权。因此,大学毕业生在签订协议之前要仔细阅读协议内容,明确双方职责,按协议履行约定。

二、违法违约违规,维权明晰责任

大学毕业生在签订就业协议时应注意的事项有:

1. 毕业生和用人单位达成协议并在就业协议书上签名盖章,用人单位应在协议书上注明是否可以接收毕业生档案以及标注档案接收方的名称和地址。

2. 有人事管理权的企业如国有企业,单位可以直接签章;单位有上级管理机构的,需上级管理部门签章,如学校的上级主管部门是教育局、医院等卫生机构的上级主管部门是卫生局、银行和电力系统等;其他单位由所属地人力资源和社会保障局签章。

3. 学校毕业生就业工作部门签章,并及时将协议书反馈用人单位。

为了维护就业协议书的严肃性和学校的声誉,毕业生与用人单位签订《就业协议书》后,毕业生和用人单位都应认真履行协议。倘若毕业生因特殊原因要求违约,应承担违约责任。已签订《就业协议书》的毕业生,如要违约,需办理解约手续。

三、毕业生因故需解除协议的步骤

1. 到原签协议书的单位办理书面同意的解约函（盖单位公章）。

2. 向学校毕业生就业工作部门提出书面申请（阐明解约理由），并附上单位及上级人事主管部门审核同意的解约函。

3. 学校毕业生就业工作部门根据有关规定审批换发新的《就业协议书》。

就业协议的解除分为单方解除和双方解除。单方解除，包括单方擅自解除和单方依法或依协议解除。单方擅自解除协议属违约行为，解约方应对另一方承担违约责任。单方依法或依协议解除，是指一方解除就业协议有法律上的或协议上的依据，如学生未取得毕业资格，用人单位有权单方解除就业协议。毕业生录用之后，可解除就业协议，或依协议规定办理，如毕业生签订协议后考上研究生或是出国留学的。此类单方解除，解除方无须对另一方承担法律责任。

双方解除是指毕业生和用人单位双方经协商一致，取消原订立的协议，使协议不发生法律效力。此类解除因是双方当事人真实意思表示一致的体现，双方均不承担法律责任，双方解除应在就业计划上报主管部门之前进行，如就业派遣计划下达后双方解除，还须经主管部门批准办理调整改派。

解约函

_____学校：

　　在充分考虑个人选择意愿和我公司现实际情况，经双方协商，一致同意解除贵校_____系_____专业_____与我单位所签订的高校毕业生就业协议书，双方互不承担违约责任，请贵单位予以协调。

　　特此证明！

单位（公章）
____年____月____日

就业协议书一经毕业生、用人单位签署即具有法律效力，任何一方不得擅自解除，否则违约方应向权利受损方支付协议条款所规定的违约金。毕业生违约，除本人应承担违约责任、支付违约金外，往往还会造成其他不良的后果，主要表现在以下方面。

就用人单位而言，用人单位往往为录用毕业生做了大量的工作，有的甚至对毕业生将要从事的具体工作也有所安排。同时毕业生就业工作时间相对比较集中，一旦毕业生因某种原因违约，势必使用人单位的录用工作付之东流。用人单位若另起炉灶，选择其他毕业生，在时间上也不允许，从而给用人单位工作造成被动。

就学校而言，用人单位往往将毕业生违约行为认为是学校的行为，从而影响学校和用人单位的长期合作关系。用人单位由于毕业生存在违约现象，而对学校的推荐工作表示怀疑。面对激烈的就业竞争，用人单位的需求是毕业生择业成功的前提，如此必定会影响今后学校的毕业生就业工作。同时影响学校就业计划方案的制订和上报，并影响学校的正常派遣工作。

就其他毕业生而言，用人单位到校挑选毕业生，一旦与某毕业生签订就业协议，就不可能再录用其他毕业生。若日后该毕业生违约,当初希望到该用人单位工作的其他毕业生由于录用时间等原因,也无法补缺,造成就业信息的浪费,也影响其他毕业生就业。因此,毕业生在就业过程中应慎重选择,认真履约。

【实践体验】

活动一:就业基地实习实训

实习是大学生毕业必须经历的过程。尤其是进入学校认可的就业基地进行实习,此类企业大多是规模较大、运营正规的大型企业,在这里,大学生的合法权益能够得到保证,可以充分发挥和展示我们的才华和在学校里学到的专业技能,加深对职业的了解,确认自己喜欢或擅长的职业。我们在实习的过程中所处的是真实的工作环境,可以发现自身的一些不足,如技术、能力等方面的欠缺,不断提升自己的综合素质和工作经验。

学校和职场,学习和工作,学生和员工,它们之间有着很大的差异。而实习正式提供了一个从学生变成员工、从学习变成工作、从学校走进职场的机会,让我们真实地接触职场。有了实习的经验,以后就业的道路就会少走很多弯路。

一、实践目的

1. 通过实习锻炼学生的动手能力,将学习的理论知识运用于实践中,检验书本上理论的正确性。将自身的理论知识与实践融合,进一步巩固、深化理论知识,提高综合运用所学过的知识,并且培养自主发现问题、解决问题的能力,加强对工作过程的认识。

2. 使学生更广泛地直接接触社会,了解社会需要,加深对社会的认识,增强对社会的适应性,培养实践能力,缩短从学生到员工之间的思想和业务距离,为进一步走向社会打下坚实的基础。

3. 使学生了解职场部门的构成和职能以及岗位工作流程,从而确立自身最擅长的工作岗位,为职业生涯的进一步规划起到关键的指导作用。

二、活动内容

根据自身所学专业、职业兴趣及职业生涯规划方向,学生在学校或学院指定的就业实习基地当中选择其中一个企业进行三个月至半年的实习实训。

学生进行实习实训后,根据所见所得及其理解与感受,按照规范格式撰写一份实习报告。

三、活动流程

第一环节:学生在校、院提供的就业实习基地中根据自身情况进行选择,并主动联系意向企业沟通实习事宜。

第二环节:学生独立来到企业,进行三个月至半年的实习实训,尽可能展示自身在校期间的学习效果。

第三环节:实习结束后,根据自身个性化的实习经历撰写实习报告,尽可能还原在实习过程中的重要经历,并着重对相关经验进行总结、对未来发展进行展望。

★ 活动材料参考

实习报告

2019年10月19日到2020年1月19日,我在上海SJ市政工程有限公司开始了为期三个月的实习。作为一名大四学生,很快步入社会的我带着学习和好奇的心情去迎接这次实习。

一、实习公司简介

上海SJ市政工程有限公司是一家集研究、设计、施工、维护为一体的专业性市政交通设施工程公司,专业为客户提供市政交通标志牌、岗亭、车棚、钢结构、候车亭、停车场管理系统及交通设施辅助物品各类交通设施产品。公司工厂占地5 000余平方米,有专业技术人员几十人,员工百余人;拥有各种车床、铣床、冲床、刨床、磨床等专业生产设备;拥有完整的管理体系和具有丰富作业经验的施工队伍,熟练掌握施工操作规程及原材料特性,确保工程质量优良。公司秉承"顾客至上,锐意进取"的经营理念,坚持"客户第一"的原则为广大客户提供优质的服务。我能够在这样重要的公司里实习,感到非常荣幸。

二、实习说明

1. 实习目的:培养自身的动手能力,获得直接的感官认识,通过参与产品的生产加工,加深对产品的认识和对企业的了解,为下阶段在部门工作打下基础。

2. 实习时间:2019年10月19日至2020年1月19日

3. 实习部门:成型车间、涂装车间和组装车间

三、实习的主要内容

第一站:实习于成型车间

这是我第一次进车间,车间里的一切对我来说都是陌生的。工作环境还行,但是看着作业员面前一推堆产品,对自己接下来三个星期的实习不免暗暗担忧。不过担忧是一回事,工作还是要做的,而庆幸的是组长给我们安排的工作都不难。

随着时间的推移,我慢慢对车间的环境有所了解,原来紧张的心也慢慢平静下来,对有些常加工的产品也渐渐熟悉了,对不良产品的识别力也有所提高,生产、加工产品的效率也在不断提高。实习期间,我听从小组长的安排,接受小组长分配的工作任务,在自己的工作区认真作业。当出现一些小的问题和困难时,先自己尝试着去解决,而当问题较大自己难以独立解决时,则向小组长、技术员反映情况,请求他们帮助解决。在他们的帮助下,出现的问题很快就被解决了。我有时也学着运用他们的方法与技巧去处理一些稍简单的问题,慢慢提高自己解决处理问题的能力,从而不断增强我在工作时的自信心,对工作的积极性也有所提高。

在车间久了,我慢慢发现:(1)不良品出现时经常未能及时通知组长或未能及时解决,造成很大的浪费。(2)车间组长做事能力都很强,但在管理人员方面还有所欠缺,尤其是在说话方面。(3)组长跟作业员说话经常性不能落实承诺,以致作业员大都不怎么相信组长说的。

关于自身情况,我做了以下反思:(1)经常一个人行动,即团队合作差。(2)语言表达能力差。(3)做事很快,但是品质上不去,即品质意识不够。(4)做事总是要点名才去做,说明积极主动性不够。

第二站:实习于涂装车间

有了成型车间的基础,到涂装车间我很快就进入了状态。

涂装车间的工作很是轻松。我们每天就是重复地上下治具,喷涂、烘烤之类的,我没有机会碰。但具体的工作要求我还是知道的,进车间要穿无尘衣、戴无尘帽,进喷涂室要戴防毒面具,烤箱门不能乱拉,这三点需要牢记在心。其次就是制造的工艺质量,非常严格,任何细节都不能放过,所以在每个工段的最后都设立了检验点。

在涂装车间做的事情虽然少了,但是沈工特意找时间来给我们培训,我拓宽了知识面,学习了很多专业知识;也学会了与同事相处沟通的有效方法途径,积累了处理人际关系问题的经验方法;并摆好了自己的心态,不会像之前那样浮躁。

第三站:实习于组装车间

与前面两个车间相比,组装车间的工作显得更加简单。

组装车间的机器很少,基本上都是人在做。如贴保护膜、撕天线、贴天线、装螺母、固定……而我的工作就是贴保护膜,虽然很简单,但是我却因此变得有耐心了,并且能够保证质量和数量。

四、实习结果

短短的实习期已经结束,我静下心来回想这次实习真是感受颇深。

实习期间,我对实习车间生产、加工包装产品的整个操作流程有了一个较完整的了解和熟悉。虽然实习的工作与所学专业没有很大的关系,但实习中,我拓宽了自己的知识面,学习了很多学校以外的知识,同时提高了独立分析和解决实际问题的能力,以及实际动手能力,为接下来走向正式工作岗位打下一定的基础。经过这段时间的实习,我有以下感想:

一是要确立明确的目标,端正自己的态度。在车间实习是暂时的,是为我们以后的工作在打基础。只有知道了所有的流程才能了解以后出错时应该从哪里下手。所以我要明确自己的目标,认真、虚心学习,不可心浮气躁。

二是要勤劳,任劳任怨。到公司实习,由于我们不是正式职员,是储干,哪里有需要就去哪里。不过我们不要抱怨,应该自己主动找一些事情来做,从小事做起,刚开始也只有这样,接下来才会做一些相对比较重要的工作。

三是要虚心学习,不耻下问。在工作过程中,我们肯定会碰到一些问题,有很多是我们不懂的,这个时候就要虚心向同事请教。同时,也不要怕犯错。工作中第一次做错了不要紧,重要的是知错能改。在实习的这段时间,我体会到从工作中再拾起书本的困难性。每天很早就要上班工作,晚上下班回宿舍很晚了,深感疲惫,很难有精力再静下心来看书。这更让我珍惜在学校的时光。

五、实习总结

实习真的是一种很好的经历,只有亲身体验才知其中滋味。

经过这次实习,我更加清楚地明白自己善于什么,想做什么,应该怎么做。这是我在大学中难以学到的。就像如何与同事们相处,人际关系是现今不少大学生踏入社会遇到的一大难题,于是在实习时我便有意观察前辈们是如何和同事以及上级相处的,自己也尽量虚心求教。在工作中常与前辈们聊聊天不仅可以放松一下心情,还可以学到不少工作以外的事情。

实习虽然结束了,再过几个月,我就要走上真正的工作岗位了。我希望,新的一年,展现一个新的自我,放飞新的梦想。

思考与练习

(一)职场实习反馈

职场实习是人生中一段珍贵的回忆,实习不仅是对学习的延续,更是人生另一段的起点。下面请记录在实习中的点点滴滴,汲取其中宝贵的经验,走好自己的人生之路。

学院		专业		班级	
实习形式	☐校内实习		☐校外集中实习		☐本人自主练习实习
实习单位		联系人及电话		实习时间	

实习内容及实习自我总结(实习内容,实习中的收获、体会和存在的问题)

实习生签名:

年　月　日

实习单位指导教师评语(从实习生的思想品德、工作态度、专业技能及合作能力等方面给予客观评价)

实习单位指导老师签名:

年　月　日

（二）SWOT 分析

每一个人都具有自身的优势和劣势，实习过后，请用 SWOT 分析法重新认识自己。

SWOT 分析是市场营销管理中经常使用的功能强大的分析工具：S 代表 strength（优势），W 代表 weakness（弱势），O 代表 opportunity（机会），T 代表 threat（威胁）。市场分析人员经常使用这一工具来扫描、分析整个行业和市场，获取相关的市场资讯，为高层提供决策依据，其中，S、W 是内部因素，O、T 是外部因素。

SWOT 分析是检查你的技能、能力、职业、喜好和职业机会的有用工具。你会明确知道自己的优点和弱点在哪里，并且仔细地评估出自己所感兴趣的不同职业道路的机会和挑战所在。

外部环境＼内部环境	优势（S）	弱势（W）
机会（O）		
威胁（T）		

（三）我对新工作的期待与计划

_____
_____
_____
_____
_____
_____

活动二：大学招聘会

大学招聘会一般是由政府所辖人才机构及高校就业中心举办，主要服务于高校应届毕业生的招聘活动。大学开展的招聘会一般都是针对本校的专业进行设置的，有利于高校毕业生在招聘会中找到合适的工作。毕业生参加招聘会可以增加与单位沟通的机会和录用的概率，非常有利于毕业生的就业。

一、活动目的

1. 通过参与招聘会,学生切实感受社会对于应届大学生的实际需求,从而有助于学生调整职业规划。
2. 使学生感受到求职过程的竞争和压力,增强其充实自我、提升自我的意愿和动力。
3. 使学生积累求职的相关经验,为今后的求职实战做好准备。如果有合适的机会,可直接签约就业。

二、活动内容

根据学校或学院开设招聘活动的安排,学生到招聘活动现场,根据自身专业及职业生涯规划,选择若干企业投递简历并按用人单位的具体要求进行求职。

学生参加招聘会后根据所见所得及其理解与感受,撰写求职心得。

三、活动流程

第一环节:学生自行收集学校或学院开展招聘活动的信息。

第二环节:学生独立到招聘会现场,根据自身专业及职业生涯规划,选择若干企业投递简历,并按用人单位的具体要求进行求职,或者根据学校或学院邀请企业开设招聘宣讲会的有关安排,学生选择自己感兴趣的企业并到现场参与招聘宣讲会。

第三环节:会后根据在招聘会过程中的见闻、经历以及感触撰写心得,尽可能还原求职过程,并突出自己的感悟体会。

思考与练习

记录参与的招聘会与感悟

日期	招聘会地点	投递公司名称	成长感悟

参考文献

[1] 邓基泽. 大学生职业生涯规划与就业创业指导[M]. 北京:中国农业大学出版社,2016.
[2] 苏文平. 职业生涯规划与就业创业指导[M]. 北京:中国人民大学出版社,2016.
[3] 尹华北. 大学生职业规划与就业创业指导[M]. 北京:中国人民大学出版社,2016.
[4] 杨洪,秦晓燕. 大学生就业指导[M]. 北京:人民邮电出版社,2019.
[5] 曲振国,杨文亭,陈子文,等. 大学生就业指导与职业生涯规划[M]. 2版. 北京:清华大学出版社,2020.
[6] 迟云平,陈翔磊. 就业指导[M]. 广州:华南理工大学出版社,2020.
[7] 林咏君. 大学生就业指导实用教程[M]. 广州:华南理工大学出版社,2020.
[8] 蔡中华,杨爱华,樊斌. 就业指导与创新创业教育[M]. 3版. 北京:人民邮电出版社,2019.
[9] 赵秋,黄妮妮,姚瑶. 大学生就业指导[M]. 北京:北京师范大学出版社,2020.
[10] 任小龙. 大学生就业指导[M]. 2版. 西安:西安电子科技大学出版社,2019.
[11] 杨筱玲. 就业指导与创业教育[M]. 北京:电子工业出版社,2016.
[12] 黄干才. 就业指导训练教程[M]. 2版. 北京:中国劳动社会保障出版社,2019.
[13] 曾雄兵. 就业指导[M]. 北京:电子工业出版社,2016.
[14] 袁金勇,周文一. 就业指导[M]. 北京:化学工业出版社,2017.
[15] 肖辉,周海,吴计生. 大学生就业指导[M]. 北京:中国水利水电出版社,2018.
[16] 廖忠明,廖华. 大学生就业指导实用教程[M]. 西安:西安电子科技大学出版社,2018.
[17] 黄晓慧. 大学生职业生涯规划与就业指导实践教程[M]. 辅导员版. 北京:北京交通大学出版社,2017.
[18] 王虔祖,宋楠楠,杜君. 大学生就业、择业与创业理性指导教程[M]. 北京:中国纺织出版社,2018.
[19] 曾杰豪. 大学生就业创业指南[M]. 广州:华南理工大学出版社,2017.
[20] 周德禄. 大学生就业质量测评研究[M]. 北京:人民出版社,2020.
[21] 孙莉玲. 大学生就业法律问题指导[M]. 南京:东南大学出版社,2019.
[22] 邹广严. 大学生就业岗位调查报告[M]. 2版. 北京:科学出版社,2020.
[23] 吴剑,王雷. 大学生就业创业指导咨询案例教程[M]. 北京:科学出版社,2017.
[24] 胡胜. 大学生就业与创业指导[M]. 北京:机械工业出版社,2017.
[25] 石鹏建. 大学生就业创业优秀论文选编(2018)[M]. 北京:知识产权出版社,2018.
[26] 肖焰,肖竞,张晓超. 大学生就业创业能力训练教程[M]. 北京:机械工业出版社,2019.

[27] 杨晓慧.大学生就业创业教育研究[M].北京:经济科学出版社,2015.
[28] 陈勇.大学生就业能力协同开发机制研究[M].杭州:浙江大学出版社,2019.
[29] 刘伟.大学生就业模拟体系研究[M].北京:社会科学文献出版社,2019.
[30] 戴斌荣.大学生就业压力与适应[M].北京:北京师范大学出版社,2019.
[31] 陆义敏.双向搜寻、匹配博弈与大学生就业研究[M].北京:光明日报出版社,2019.
[32] 吴克明.中国大学生就业问题研究[M].济南:山东人民出版社,2015.
[33] 蔡红建.大学生就业指导工作研究[M].北京:北京交通大学出版社,2015.
[34] 梁金辉.经济新常态下工科大学生就业能力研究[M].北京:北京理工大学出版社,2020.

后　　记

本书是理学博士曾涛教授主持的黑龙江省高等教育教学改革重点项目《应用型本科院校政校企协同育人"1332"就业与双创教育实践工程的研究与探索》(项目编号：SJGZ20190042)和黑龙江省经济和社会发展重点研究课题《哈尔滨新区民办高校"专业＋俄语＋实践"复合型人才培养模式研究》(项目编号：WY2019095－C)的重要研究成果之一。

本书的编写突破了传统教学思维，将原本一学期开设的38学时教学内容按照大学生的成长规律设计到大学四年的七个学期中。教师以课堂教学为支点，以校内外实训为杠杆，以学生励志成才为动力，将指导与引领融为一体、理论与实践紧密结合、学校与社会全程跟进。

本书在编写过程中，得到了哈尔滨远东理工学院理事长李敬来教授、常务副理事长姜声华博士的大力支持，得到了黑龙江省教育厅及省大学生就业创业指导中心郭承哲副主任的关心指导，在此一并表示真挚的感谢。

编　者

2021年3月

声　明

本书部分案例出自报纸、杂志、网络或其他媒体，由于无法查明具体出处及作者联系方式，如有版权问题，请与哈尔滨工业大学出版社第二编辑部联系。

联系电话:0451 - 86281408

Email:627010188@qq.com

地址:黑龙江省哈尔滨市南岗区复华四道街 10 号